"十三五"职业教育电子商务项目课程规划教材
总主编 张建军

移动电子商务

主 编 徐林海
副主编 刘志铭 董清其 刘 飒

东南大学出版社
·南京·

内 容 提 要

移动电子商务已经成为当前社会的热点,随着智能手机的广泛应用,移动电子商务得到各行各业越来越多的重视和参与。

本书通过南京奥派信息产业股份公司推出的移动电子商务实验室软件,将移动电子商务的理论通过场景进行整合,打破传统教学思路,让学生参与其中,进行体验、互动、制作,以寓教于乐的方式培养学生移动电子商务专业知识和技能。本书详细介绍了手机银行、移动支付、移动校园、移动购物、车票预订、机票预订、电影票预订、移动旅游、酒店预订以及微活动和微信会员卡等11个实验项目,体现最新最全的移动电子商务商业模式。

本书可作为职业院校电子商务、信息技术类专业教学用书,也可作为企业单位业务人员的电子商务培训教材或社会从业人士的参考读物。

图书在版编目(CIP)数据

移动电子商务 / 徐林海主编. —南京:东南大学出版社,2016.6(2019.8 修订重印)

ISBN 978-7-5641-6353-2

Ⅰ.①移… Ⅱ.①徐… Ⅲ.①电子商务 Ⅳ. ①F713.36

中国版本图书馆 CIP 数据核字(2016)第 025545 号

东南大学出版社出版发行
(南京四牌楼 2 号 邮编 210096)
出版人:江建中
江苏省新华书店经销 江苏凤凰数码印务有限公司印刷
开本:787mm×1092mm 1/16 印张:8.75 字数:220千字
2016 年 6 月第 1 版 2019 年 8 月第 4 次印刷
ISBN 978-7-5641-6353-2
定价:29.00 元

(凡因印装质量问题,可直接向营销部调换。电话:025-83791830)

前　言

伴随着4G时代和融合通信时代的来临，移动电子商务已成为电子商务的主要模式，移动电子商务不仅是技术的创新，也是一种企业管理模式的创新。

本书是为中等职业学校师生编写的移动电子商务实践教材，以移动电子商务的不同应用情景为主线展开，涉及的商业场景包括手机银行、移动支付、移动校园、移动购物、车票预订、机票预订、电影票预订、移动旅游、酒店预订以及移动营销的微活动、微信会员卡等共11个项目。每个项目以教学目标、工作任务、能力训练、相关知识、思考与练习的方式来安排学习内容，同时附有每个项目的简介和案例。本书还安排了移动电子商务实验、实践、实战设计训练，配有实验实践软件、教学大纲、辅导视频、教学PPT，把传统教学模式的优点与现代化教学方式结合起来，形成一套既有利于学生学习理论知识，又有利于培养学生动手能力，并且支持学生个性化发展的新型教学模式。

本书由长期从事电子商务教学工作的专家和电子商务企业从业人员共同编写而成，南京奥派信息产业股份公司提供了电子商务应用软件，编制了配套的实训内容和操作手册，丁珏、刘静为本书编写工作提供了协助。

移动电子商务在各领域的应用正处在不断拓展和深化之中，尽管教材的更新要等到修订或再版之时，但我们将实时更新实训平台中的相关内容。对于本书中可能存在的不足，恳请读者批评指正。

编　者
2019.8

职业教育电子商务项目课程
规划教材编委会名单

主　任　张建军

副主任

　　　　徐林海　王传松　胡　革　陈　飞　张志伟　张绍来

委　员　（按姓氏笔画排序）

　　　　于　淼　马　蔚　毛岭霞　刘志铭　吴炎辉　吴贵山
　　　　吴婉玲　李红翠　张晓丽　李　娜　陆兰华　杨　俊
　　　　高　兴　董其清　董　敏

总　序

　　无论你在哪里,你都在网上;哪怕你孤单一人,你都在世界中——世界已进入互联网时代。在信息以几何级别的速度增长,知识更新周期越来越短,无处无网络,无处不可百度(网上搜索)的时代背景下,死记硬背知识内容已经不再具有特别重要的意义(必要的知识储备是不可或缺的);相反,培养学生获取知识、应用知识和创造知识的能力(概括为知识能力)则显得尤其重要。随着电子商务的发展,企业需要大量的电子商务技能型人才。职业教育无疑承担着培养这类人才的重要任务。然而,传统的以学科知识内容传授为主的教学方式是无法胜任的。教而有方,方为善教。职业教育先进国家已经在实践中证明,项目课程教学模式在培养技能型人才中的重要性和有效性。近年来,项目课程在国内职业教育界也得到越来越深入的研究、越来越广泛的认同和采用。作为项目课程教学活动的载体,项目课程教材是十分必要的,为此,国内很多教材作者进行了积极探索,也获得了不少成果。但毋庸讳言,迄今为止,国内现有的电子商务项目课程教材还不能完全适应现实需要。主要原因有4点:一是不少教材虽名为项目课程,但实际上只是将原来的学科知识内容划分为几个部分,把原来的"章"冠以"项目"的名义,而不是真正以工作任务(项目)为中心,选择、组织课程内容,因而不符合项目课程的本质要求;二是已出版的相关联教材之间,由于对内容安排缺乏统一规划,教材中内容重复或共同遗漏的现象比较严重,给广大师生选择教材带来了困扰;三是教材层次性不够清晰,一味求全、求深、求难的现象比较普遍,中、高等职业教育与普通本科的电子商务教材在内容上、难度上没有明显区别,这势必造成学生学习上的困难,甚至影响学生继续学习的兴趣;四是教材内容的选取和编排顺序不尽合理,产生了许多知识断点、浮点、空白点甚至倒置现象。

　　东南大学是全国重点建设职教师资培养培训基地和教育部、财政部中等职业学校教师素质提升计划——电子商务专业师资培训方案、课程和教材(简称培训包项目)开发的承担单位,"十一五"以来,已进行10轮次覆盖全国的中职电子商务教师培训,培训教师人数已达300余人。在培训包项目开发和对教师的培训过程中了解到,参加培训的教师尽管系统学习了包括项目课程在内的各种教学模式、理论,但苦于没有合适的教材,无法将理论真正应用到教学实践中去。在此情况下,东南大学电子商务系和东南大学出版社作为发起单位,组织包括参加培训的学员在内的来自全国的数十所普通高校、高职、中职学校的教师,电子商务企业高级管理人员、电子商务营销高级策划人员、技术开发骨干等,在培训包项目开发研究的基础上,编写一套涵盖职业教育电子商务专业主要内容的项目课程系列教材。

　　本系列教材具有以下特点:

(1) 定位中等职业教育:本系列教材的使用对象明确为中等职业学校的师生,以中等职业学校毕业生应聘电子商务领域就业岗位时所需要的职业能力为标准,选取教材内容,不求深,不求全,但求新,适应中、高职学生的知识背景。

(2) 真正体现项目课程特色:根据工作任务(项目)需要,以项目为单元重新规划、布局课程内容(非以学科知识体系为逻辑),同时按照循序渐进原则,编排知识学习和能力培养的内容。

(3) 内容新颖:教材内容紧跟电子商务行业发展现状,力求反映新知识、新技能、新观念、新方法、新岗位的要求,体现教学改革和专业建设最新成果。

(4) 产教结合:本系列教材编写人员既有来自学校的教学经验丰富的教师,也有来自企业的实践经验丰富的电子商务管理人员和工程技术人员。产业人员和教师互相合作,互为补充,互相提高,使本系列教材紧密联系学校教学与企业实践,更加符合培养技能型人才的需要。

(5) 强化衔接:本系列教材将教学重点、课程内容、知识结构以及评价标准与著名企业相关人力资源要求及国家助理电子商务师的考试内容进行对应与衔接。

(6) 创新形式:与国内著名电子商务教学软件研究与开发企业合作,共同开发包括职业教育电子商务专业教学资源库、网络课程、虚拟仿真实训平台、工作过程模拟软件、通用主题素材库以及名师名课音像制品等多种形式的数字化配套教材。

(7) 突出"职业能力培养":本系列教材以培养学生实际工作能力为宗旨,教材内容和形式体现强调知识能力培养而非单纯知识内容学习的要求,变以往的只适合"教师讲、学生听"的以教师为主导的教学方式的教材为适合"学生做、教师导"的以学生为教学活动主体的教材,突出"做中学"的重要特征。

(8) 统一规划:本系列教材各门课程均以"项目课程"为编写形式,统一规划内容,统一体例、格式,涵盖了中职电子商务教学的主要内容,有助于在电子商务专业全面实施项目课程教学,从而避免不同教学方式之间容易发生的不协调、不兼容的现象。

"不闻不若闻之,闻之不若见之,见之不若知之,知之不若行之,学至于行而止矣。"荀子的这段话,道出了职业教育的最重要的特点,也道出了本系列教材编写的初衷,谨以此与广大读者共勉。

张建军
2019 年 5 月于南京·东南大学九龙湖畔

目 录

第一篇 移动电子商务应用 ……………………………………………（1）

项目1 手机银行 ……………………………………………………（3）
项目简介 ……………………………………………………………（3）
项目案例 ……………………………………………………………（3）
模块1.1 卡片申请 …………………………………………………（4）
模块1.2 账号管理 …………………………………………………（11）
模块1.3 自助转账 …………………………………………………（15）

项目2 移动支付 ……………………………………………………（20）
项目简介 ……………………………………………………………（20）
项目案例 ……………………………………………………………（20）
模块2.1 手机钱包制卡 ……………………………………………（21）
模块2.2 手机钱包消费 ……………………………………………（23）
模块2.3 充值/消费记录查询 ………………………………………（28）
模块2.4 消费统计 …………………………………………………（31）

项目3 移动校园 ……………………………………………………（33）
项目简介 ……………………………………………………………（33）
项目案例 ……………………………………………………………（33）
模块3.1 校园建筑 …………………………………………………（33）
模块3.2 校园景点 …………………………………………………（37）
模块3.3 校园周边 …………………………………………………（40）

项目4 移动购物 ……………………………………………………（43）
项目简介 ……………………………………………………………（43）
项目案例 ……………………………………………………………（43）
模块4.1 商品管理 …………………………………………………（44）
模块4.2 团购管理 …………………………………………………（52）
模块4.3 摇一摇管理 ………………………………………………（56）
模块4.4 商品购买 …………………………………………………（58）
模块4.5 我的购物 …………………………………………………（60）

项目5 车票预订 ……………………………………………………（64）

项目简介 ··· （64）
项目案例 ··· （64）
　模块5.1　车票预订 ·· （65）
　模块5.2　车票打印 ·· （68）
　模块5.3　车票管理 ·· （69）
项目6　机票预订 ·· （73）
项目简介 ··· （73）
项目案例 ··· （73）
　模块6.1　机票预订 ·· （74）
　模块6.2　线下支付 ·· （76）
　模块6.3　机票打印 ·· （79）
　模块6.4　基础数据管理 ··· （80）
项目7　电影票预订 ·· （83）
项目简介 ··· （83）
项目案例 ··· （83）
　模块7.1　电影信息管理 ··· （84）
　模块7.2　电影票预订 ·· （87）
　模块7.3　取票 ··· （89）
项目8　移动旅游 ·· （91）
项目简介 ··· （91）
项目案例 ··· （91）
　模块8.1　景点管理 ·· （91）
　模块8.2　门票预订 ·· （93）
　模块8.3　门票支付 ·· （95）
　模块8.4　订单管理 ·· （97）
项目9　酒店预订 ·· （100）
项目简介 ··· （100）
项目案例 ··· （100）
　模块9.1　酒店预订 ·· （100）
　模块9.2　酒店管理 ·· （103）
　模块9.3　订单管理 ·· （106）
　模块9.4　评论管理 ·· （109）

第二篇　移动营销 ·· （111）

项目10　微活动 ·· （113）
项目简介 ··· （113）

项目案例 ··· (113)

模块 10.1　优惠券 ··· (114)

模块 10.2　刮刮卡 ··· (118)

项目 11　微信会员卡 ··· (122)

项目简介 ··· (122)

项目案例 ··· (122)

模块 11.1　会员卡添加/设置 ·· (122)

模块 11.2　后台管理 ··· (126)

参考文献 ··· (129)

第一篇

移动电子商务应用

项目1 手机银行

【项目简介】

本项目的工作要求是通过智能手机实现手机银行的多种功能,实现对手机银行前后台的全真模拟实践。项目要求学生在特定的教学平台和移动 APP 上实现卡片申请、账户管理、自助转账、网上支付。通过项目实践,让学生掌握手机银行的使用和银行的后台操作,以及相关的新技术应用和软硬件结合。

【项目案例】

"以前去柜台转账,动辄要排队一两个小时,很耽误事儿。没想到用手机银行办理,手指动几下,几秒钟就完成了。"上个月,市民林伟要办理一笔异地跨行转账,经同事推荐尝试了手机银行,不仅方便快捷,还省下了一笔转账费。

有了这次体验,除了取款、存款,林伟基本没有再去银行柜台办理过业务。"和网银比起来,手机银行可以随时随地使用。而且一些团购、秒杀也不用守在电脑前了。早知道这样,'双11'抢购的时候直接在被窝里就完成了。"和林先生一样,手机银行已经成为越来越多人的首选支付方式。

最近刚刚过完"双11",办理网上银行和手机银行业务的人数暴增,手机银行的便捷性、个性化特别受到客户青睐,尤其是年轻群体。这次手机银行的业务办理是在顾客林伟和柜员王俊之间进行的,如图1-1所示4个环节:① 卡片申请;② 账号管理;③ 自助转账;④ 网上支付。

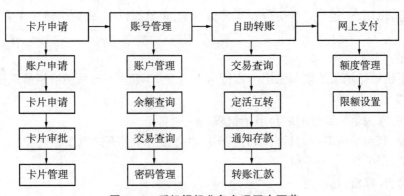

图1-1 手机银行业务办理四大环节

模块 1.1 卡片申请

1.1.1 教学目标

【终极目标】掌握卡片申请的方法。

【促成目标】
(1) 了解手机银行的概念。
(2) 了解手机银行的特点。
(3) 掌握手机银行的主要业务。
(4) 掌握网上银行的后台流程和操作。
(5) 了解与手机银行相关的新技术应用。

1.1.2 工作任务

【总体任务】根据项目中提供的情景数据,根据主人物的角色需要在指定的平台和APP上完成相关的活动。

【具体任务】
(1) 了解手机银行的主要功能。
(2) 能够根据提供的基础数据和实践平台掌握银行卡的申请和银行卡的管理。

1.1.3 能力训练

【活动一】账户申请
活动目的:掌握手机银行的后台申请流程。
活动要求:利用手机银行的后台端为某市民办理银行卡并开通网上银行。
活动分工:学生2~4人一组。
活动器材:计算机、互联网。
活动内容:以用户、柜员的身份分别申请银行卡、审批银行卡,每两个或一个人分别担任一个角色。
活动程序:
林伟在手机银行场景处填写借记卡银行卡申请表单,填写完成后递给柜员王俊。

【活动二】卡片申请
活动目的:掌握手机银行的后台申请流程。
活动要求:利用手机银行的后台端为某市民办理银行卡并开通网上银行。
活动分工:学生2~4人一组。
活动器材:计算机、互联网。
活动内容:以用户的身份申请银行卡,每两个或一个人分别担任一个角色。
活动程序:
王俊进入手机银行系统,选择"卡片申请"下的"借记卡账户申请",填写相关的注册信息,点击"申请",如图1-2所示。

图 1-2 借记卡账户申请

填写申请表单,如图 1-3 所示。

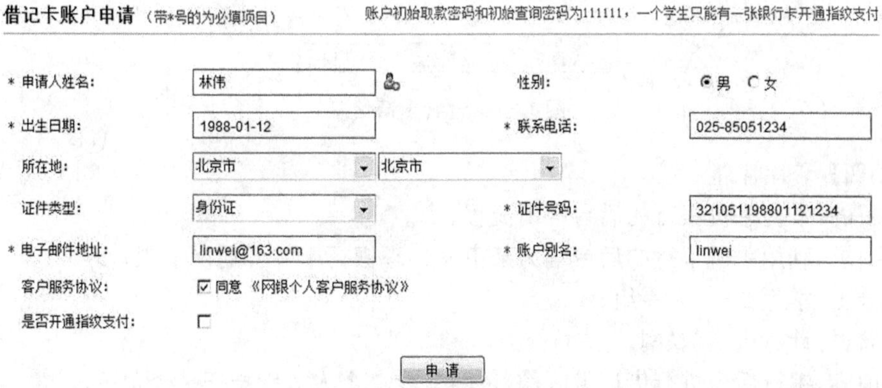

图 1-3 填写申请信息

【活动三】卡片审批

活动目的:掌握手机银行的后台申请流程。

活动要求:利用手机银行的后台端为某市民办理银行卡并开通网上银行。

活动分工:学生 2~4 人一组。

活动器材:计算机、互联网。

活动内容:以柜员的身份审批银行卡,每两个或一个人分别担任一个角色。

活动程序:

对申请的借记卡与信用卡进行审批。点击申请记录后的【审批】,如图 1-4 所示。

图 1-4 卡片审批

查看申请人的详细信息,选择相应的操作,审批通过或者不通过。审批通过则进行下一步骤,审批未通过则返回到第一个步骤重新申请,如图1-5所示。

图1-5　查看申请信息

【活动四】卡片管理

活动目的:掌握手机银行的后台申请流程。

活动要求:利用手机银行的后台端为某市民办理银行卡并开通网上银行。

活动分工:学生2~4人一组。

活动器材:计算机、互联网。

活动内容:银行后台进行借记卡制作,每两个或一个人分别担任一个角色。

活动程序:

选择"借记卡制卡"。通过申请人的借记卡与信用卡申请后,银行就要为申请人进行制卡。点击记录后的【制卡】,如图1-6所示。

图1-6　借记卡制卡

【活动五】自助转账

活动目的:掌握手机银行APP的多种转账和查询功能。

活动要求:用户利用手机银行的APP进行转账业务。

活动分工:学生2~4人一组。

活动器材:无线局域网、智能手机。

活动内容:以用户的身份登录手机银行的 APP,体现通知存款、定活互转、转账和查询的功能。

活动程序:

自助转账分为交易查询、定活互转、通知存款转账和转账汇款,如图 1-7 所示。

图 1-7　自主转账主菜单

图 1-8　交易查询

第一步:交易查询。

通过交易查询可以了解到交易的情况。选择银行卡号,以及需要查询的时间段,点击【查询】,查询交易详情,如图 1-8 所示。

第二步:定活互转。

通过定活互转可以活期转定期,也可以定期转活期。以活期转定期为例,选择相应的银行卡,选择转账类型,输入转账金额和取款密码后点击【确定】,如图 1-9 所示。

图 1-9　活期转定期

图 1-10　通知存款转账

第三步:通知存款转账。

通知存款转账分为活期转通知存款和通知存款转活期,如图1-10所示。以活期转通知存款为例。选择相应的银行卡、币种和通知种类,输入转账金额和取款密码后点击【确定】,如图1-11所示。

第四步:转账汇款。

转账汇款分为同行转账和跨行转账,如图1-12所示。以同行转账为例。选择相应的银行卡,输入转账金额和取款密码后点击【确定】,如图1-13所示。

图1-11 活期转通知存款

图1-12 转账汇款

图1-13 同行转账

图1-14 额度管理

【活动六】网上支付

活动目的:掌握手机银行APP中网上支付的功能。

活动要求:用户利用手机银行的APP端进行网上支付的额度管理。

活动分工:学生2~4人一组。

活动器材:无线局域网、智能手机。
活动内容:以用户的身份使用手机银行 APP 端。
活动程序:

网上支付的主要功能是进行额度管理,如图 1-14 所示。通过额度管理可以设定"ATM 取款每日限额""POS 刷卡每日限额"。以设定"ATM 取款每日限额"为例,输入当日累计限额和取款密码后点击【确定】,如图 1-15 所示。

1.1.4 相关知识

1) 移动电子商务基础

(1) 移动电子商务的概念:移动电子商务是指通过手机、PDA、掌上电脑等手持移动终端从事的商务活动。它将因特网、移动通信技术、短距离通信技术及其他信息处理技术完美地结合,使人们可以在任何时间、任何地点进行各种商贸活动,实现随时随地、线上线下的购物与交易、在线电子支付以及各种交易活动、商务活动、金融活动和相关的综合服务活动等。

图 1-15　限额设置

(2) 移动电子商务的特点:移动电子商务是移动信息服务和电子商务融合的产物,它与传统电子商务相比,具有以下特点:

① 具有随时随地的特点:与传统电子商务相比,移动电子商务的最大特点是随时随地和个性化。

② 用户规模大:从计算机和移动电话的普及程度来看,移动电话远远超过了计算机。

③ 有较好的身份认证基础:对于传统电子商务而言,用户的消费信誉成为最大的问题,而移动电子商务手机号码具有唯一性,手机 SIM 卡上存储的用户就具有这一优势。

④ 移动电子商务能够有效规避传统电子商务带来的泡沫。

当然,由于基于固定网的电子商务与移动电子商务拥有不同特征,移动电子商务不可能完全替代传统电子商务,两者是相互补充、相辅相成的。移动通信所具有的灵活、便捷的特点,决定了移动电子商务应当定位于大众化的个人消费领域,应当提供大众化的商务应用,因此 B2B 可能成为移动电子商务发展的主要模式。

(3) 中国移动商务的快速发展:随着移动电子商务成本更低、定位更精准、更具个性化和更注重沟通的营销模式以及其他各项业务的逐步实现,移动电子商务将会催生出新的产业链,并将引发一场较之传统电子商务出现时所带来的更深层次的商业变革。

而移动商务的出现又将重新定义零售,并带来革命性的变化。这一趋势源于移动商务的特质:① 随时、随地、随身。手机、iPad 等带在身上,只要有 3G、4G 或 WIFI 网络就可以随时购物。② 定位功能,使得现在热门的基于地域的服务(LBS)成为可能。③ 扫描、拍摄的功能。可以直接扫描二维码,模糊识别图像来辨别商品,进行商品的匹配和搜索。④ 通信、传感功能,一部手机可以跟别的手机交互,跟别的设备交互,使得物联网的概念变为可能。⑤ 有语音识别和指纹识别等功能,不方便打字的时候,也可以进行操作。这都是移动商务所拥有,而 PC 不具有或者较弱的功能。这些功能使移动商务产生出更多的创新,有更多的方便顾客的地方,甚至更多的有别于传统零售的地方。

2) 手机银行的概念

手机银行,也称移动银行,是指利用移动通信网络及终端(主要指手机),为客户办理账户查询、转缴费付款、消费支付等银行的业务。作为一种结合了货币电子化与移动通信的崭新服务,移动银行业务不仅可以使人们在任何时间、任何地点处理多种金融业务,而且极大地丰富了银行服务的内涵,使银行能以便利、高效而又较为安全的方式为客户提供传统和创新的服务。

3) 手机银行的特点

同传统银行和网上银行相比,手机银行支付的特点有:

(1) 更方便:可以说手机银行功能强大,是网上银行的一个精简版,但是远比网上银行方便,因为容易随时携带,而且方便用于小额支付。

(2) 更广泛:提供 WAP 网站的支付服务,实现一点接入、多家支付。

(3) 更有潜力:暂时还不成熟的商业模式和用户习惯,导致手机银行和支付的发展还没有达到许多人在".com"时代的预期。网上银行的成功在于它不仅是银行业电子化变革的手段,更是因为它迎合了电子商务的发展要求,而手机银行在这方面还有很大的潜力可以发掘。

4) 手机银行主要业务

手机银行通常都提供查询、转账汇款和支付三种基本服务。

(1) 查询业务:包括账户查询、余额查询、账户的明细查询等。

(2) 转账汇款业务:包括定活互转、存款转账和转账汇款等基本功能。

(3) 支付业务:包括缴费支付、购物支付和理财支付。

除了这三项基本业务,手机银行还提供其他服务,如手机股市、基金及外汇业务等,如图1-16 所示。

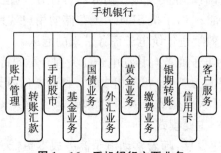

图 1-16 手机银行主要业务

5) 微信银行

微信银行即微信手机银行,是微信企业公共账号为微信用户打造的专属移动金融和移动生活服务平台,具有账户查询、理财超市、贷款、信用卡额度与账单查询的功能。其中比较成功的先行者是招商银行,其微信公共账号的粉丝量已超过 800 万,如图 1-17 所示。

6) 新技术应用——NFC 技术

NFC 是 Near Field Communication 的缩写,即近距离无线通信技术,是一种短距离的高频无线通信技术,允许电子设备之间进行非接触式点对点数据传输(在 10 cm 内)交换数据。

(1) 应用:可在移动设备、消费类电子产品、PC 和智能控件工具间进行近距离无线通信。在本章节中使用该技术完成手机银行的前后端功能模拟。

项目 1　手机银行

图 1-17　招行微信公众号

（2）使用硬件：发卡制卡器，如图 1-18 所示；银行卡，如图 1-19 所示；密码键盘，如图 1-20 所示；指纹识别仪，如图 1-21 所示；静脉识别仪，如图 1-22 所示。

图 1-18　发卡制卡器

图 1-19　银行卡

图 1-20　密码键盘

图 1-21　指纹识别仪

图 1-22　静脉识别仪

1.1.5 思考与练习

什么是移动电子商务？移动电子商务有哪些内容？

模块 1.2　账号管理

1.2.1　教学目标

【终极目标】了解手机银行的相关业务内容。
【促成目标】
(1) 了解手机银行的概念。
(2) 了解手机银行的特点。
(3) 掌握手机银行的主要业务。
(4) 掌握网上银行的后台流程和操作。
(5) 了解与手机银行相关的新技术应用。

1.2.2　工作任务

【总体任务】根据项目中提供的情景数据，根据主人物的角色需要在指定的平台和 APP 上完成相关的活动。
【具体任务】
(1) 了解手机银行的主要功能。
(2) 能够根据提供的基础数据和实践平台管理账户。
(3) 掌握手机银行的后台账户管理以及 APP 的使用。

1.2.3　能力训练

【活动】客户账户管理
活动目的：掌握手机银行的后台账户管理。
活动要求：利用手机银行的后台端为某市民管理账户资金，包括办理存款、理财等。
活动分工：学生 2~4 人一组。
活动器材：计算机、互联网。
活动内容：以柜员的身份办理银行业务。
活动程序：
客户账户管理分为刷卡进入与查询进入。这里以"查询进入"为例。
选择"查询进入"，点击账户后的【进入】，如图 1-23 所示。
对账户进行管理，可以进行个人存款、个人贷款申请，查看个人贷款信息以及个人汇购申请等操作。
进行个人存款操作，输入存款金额，点击【存款】，如图 1-24 所示。
选择"个人贷款申请"，填写申请表，点击【申请】。申请后，将由银行进行审核，如图 1-25 所示。

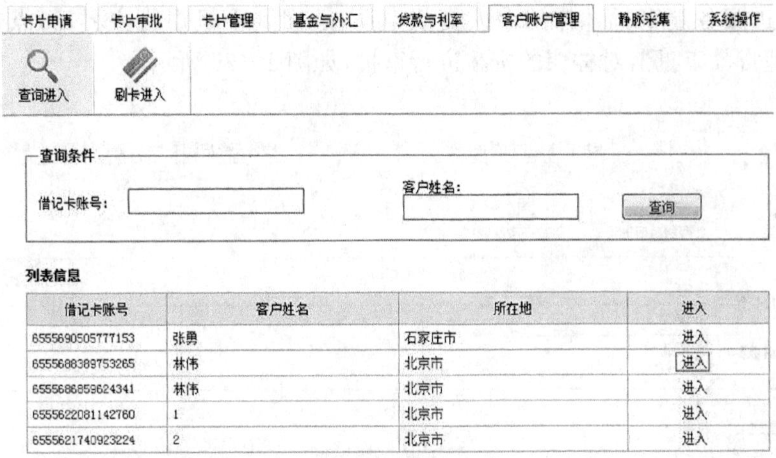

图 1 - 23　客户账户查询进入

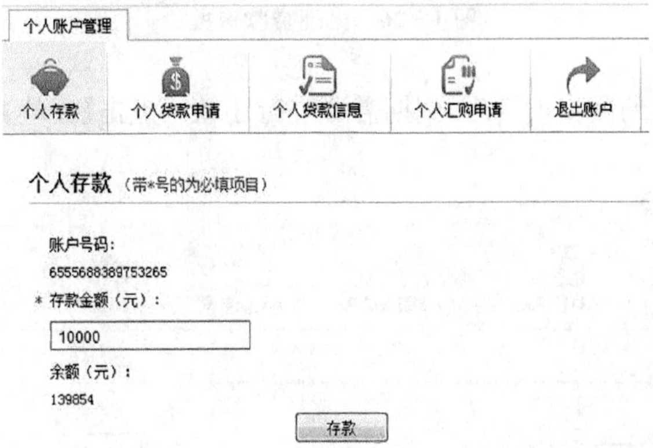

图 1 - 24　个人存款

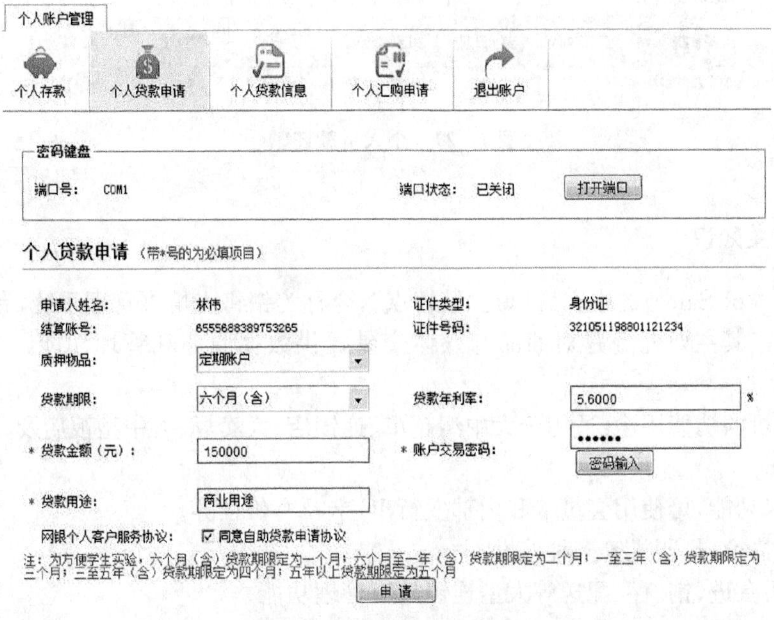

图 1 - 25　个人贷款申请

王俊需通过服务端审批林伟的个人贷款申请,返回到手机银行主界面,点击【贷款与利率】,查看【办理贷款审批】,对林伟的贷款进行审批,如图1-26所示。

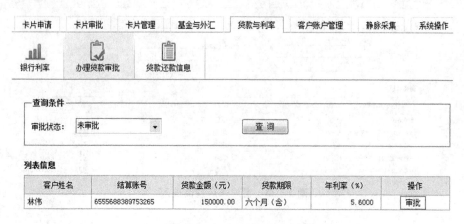

图1-26　办理贷款审批

银行审批通过用户的贷款申请后,到期需要进行还款。点击【还款】,如图1-27所示。

图1-27　个人贷款还款

1.2.4　相关知识

POS(Point of Sales)的中文意思是"销售点",全称为销售点情报管理系统,有现金或易货额度出纳功能。其主要任务是对商品与媒体交易提供数据服务和管理功能,并进行非现金结算。

(1) POS机的功能用途:适用于大中型超市、连锁店、大卖场、大中型饭店及一切高水平管理的零售企业。

具有IC卡功能,可使用会员卡和内部发行IC卡及有价证券。

可外接扫描枪、打印机等多种外设。

具有前、后台进、销、存、配送等大型连锁超市管理功能。

餐饮型具有餐饮服务功能,可外接多台厨房打印机、手持点菜机等各种外设。

可实现无人看管与 PC 机远程通信,下载资料。

具有以太网通信功能,通过 ADSL 宽带构成总、分店网络即时管理系统。

(2) POS 限额:POS 限额功能是指 POS 每日限额修改,银联境外 POS 功能开通或关闭,保障 POS 消费的安全性。

1.2.5　思考与练习

移动电子商务产生的背景和驱动因素是什么? 它是电子商务的未来发展趋势吗?

模块 1.3　自助转账

1.3.1　教学目标

【终极目标】掌握手机银行账户管理的方法。

【促成目标】

(1) 了解手机银行的概念。

(2) 了解手机银行的特点。

(3) 掌握手机银行的主要业务。

(4) 掌握网上银行的后台流程和操作。

(5) 了解与手机银行相关的新技术应用。

1.3.2　工作任务

【总体任务】根据项目中提供的情景数据,根据主人物的角色需要在指定的 APP 上完成相关的活动。

【具体任务】

(1) 了解手机银行的主要功能。

(2) 能够根据提供的基础数据在对应的 APP 上使用手机银行的功能。

(3) 掌握手机银行 APP 的使用。

1.3.3　能力训练

【活动一】余额查询

活动目的:掌握手机银行 APP 的主要功能。

活动要求:利用手机端进行交易的查询和密码管理。

活动分工:学生 2～4 人一组。

活动器材:智能手机、互联网。

活动内容:以银行卡卡片持有用户的身份使用银行 APP。

活动程序:

林伟通过手机银行客户端可以直接管理个人的账户,如图 1-28 所示。选择银行卡号和币种,点击【查询】,查询余额,如图 1-29 所示。查询结果如图 1-30 所示。

图1-28 客户端账户管理

图1-29 查询余额

图1-30 查询结果

图1-31 交易查询

【活动二】交易查询

活动目的:掌握手机银行APP的主要功能。

活动要求:利用手机端进行交易的查询和密码管理。

活动分工:学生2~4人一组。

活动器材:智能手机、互联网。

活动内容:以银行卡卡片持有用户的身份使用银行APP。

活动程序:

通过交易查询可以了解到交易的情况,如图1-31所示。选择银行卡号和查询时间范围,点击【查询】,查询结果如图1-32所示。

【活动三】密码管理

活动目的:掌握手机银行APP的主要功能。

活动要求:利用手机端进行交易的查询和密码管理。
活动分工:学生 2~4 人一组。
活动器材:智能手机、互联网。
活动内容:以银行卡卡片持有用户的身份使用银行 APP。
活动程序:

通过密码管理可以修改取款密码和重置在线支付密码。选择相应的银行卡,输入密码后点击【确定】,如图 1-33 和图 1-34 所示。

图 1-32　查询结果

图 1-33　密码管理

图 1-34　取款密码修改

图 1-35　在线支付密码重置

若网上支付密码丢失,点击【在线支付密码重置】。选择相应的银行卡,输入申请时使用的证件号码、取款密码以及新支付密码,点击【确定】,如图 1-35 所示。

【活动四】挂失

活动目的:掌握手机银行 APP 的主要功能。

活动要求:利用手机端进行卡片挂失。
活动分工:学生2~4人一组。
活动器材:智能手机、互联网。
活动内容:以银行卡卡片持有用户的身份使用银行APP。
活动程序:
在银行卡遗失的情况下,可以通过挂失来保护账号。选择相应的银行卡,输入密码后点击【确定】。系统将提示挂失成功,如图1-36所示。

图1-36 挂失申请

图1-37 限额设置

【活动五】ATM/POS限额
活动目的:掌握手机银行APP的主要功能。
活动要求:利用手机端管理ATM/POS限额。
活动分工:学生2~4人一组。
活动器材:智能手机、互联网。
活动内容:以银行卡卡片持有用户的身份使用银行APP。
活动程序:
通过"ATM/POS限额"可以设定ATM取款每日限额和POS刷卡每日限额。以设定"ATM每日累计限额"为例,输入当日累计限额和取款密码后点击【确定】,如图1-37所示。

1.3.4 相关知识

手机银行是电子银行系统的一部分。它作为一种崭新的银行服务渠道,在网上银行全网互联和高速数据交换等优势的基础上,更加突出了移动通信"随时随地、贴身、快捷、方便、时尚"的独特性,真正实现了"Whenever、Wherever"(任何时间、任何地点)银行业务的办理,成为银行业一种更加便利、更具竞争性的服务方式。

国内各大商业银行纷纷推出手机银行服务,基本实现了银行的各类基础业务。以中国工商银行为例,其手机银行服务已经能够覆盖所有移动和联通手机用户,客户可以获得7×24 h全天候的服务:查询账户、转账/汇款、捐款、缴纳电话费和手机话费、网上消费实时支付等。

手机银行主要功能可分为以下几种：

(1) 查询功能：包括余额查询、明细查询、积分查询、日志查询、公积金查询、年金查询。

(2) 自助缴费：可以直接利用手机来办理银行代理的各项缴费业务，如缴水费、电费、煤气费、手机费、电话费等。

(3) 转账汇款：包括行内汇款、跨行汇款、手机汇款、收款人登记簿等功能。

(4) 理财业务：包括基金投资、手机股市、债券投资、理财产品、账户金，以及利率查询、额度查询等。

1.3.5　思考与练习

手机银行和电话银行有什么区别？手机银行有哪些具体应用？

项目 2　移动支付

【项目简介】

本项目的工作任务是通过手机钱包了解当前移动支付的多种功能,实现对移动支付前后台的全真模拟实战。项目要求学生在特定的教学平台和手机 APP 上实现手机钱包制卡、使用、充值/消费记录查询、消费统计。通过项目实践,让学生掌握移动支付的使用和移动支付的后台操作,以及相关的新技术应用和软硬件结合。

【项目案例】

林伟家每个单月缴纳水费、双月缴纳电费,所以几乎每个月他都要到银行或者定点超市排队缴纳水电费。自从感受到手机银行的省时和便捷之后,他就在考虑是否存在一种应用能够让用户在家就能够进行日常生活中费用的缴纳。这次林伟自己在家上网搜索移动 APP 时发现一款"移动支付"的应用,不仅能够满足他的需求,同时还能够实现手机话费的充值,以及公交刷卡等线下支付的功能。

为了顺利完成移动支付中的支付环节,在申请个人网上银行的过程中将网上银行和支付账户绑定,并通过网上银行成功地为移动支付账户充值,这样林伟就可以进行移动支付了。

赵明是中国移动的一名营业员,他的工作是负责发放手机钱包卡片给客户,他需要一个系统来协助他完成这些数据的整理以及发卡器的使用。

移动支付过程涉及个人和移动运营商两种角色,需经过以下 4 个环节:

① 手机钱包制卡。
② 手机钱包消费。
③ 充值记录查询。
④ 消费统计。

移动支付环节如图 2-1 所示。

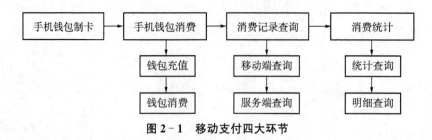

图 2-1　移动支付四大环节

模块 2.1　手机钱包制卡

2.1.1　教学目标

【终极目标】了解手机钱包制卡方法。
【促成目标】
(1) 了解移动支付的概念。
(2) 了解移动支付的特点。
(3) 掌握移动支付的主要业务。
(4) 掌握手机钱包制卡和前端业务流程。
(5) 了解与移动支付相关的新技术应用。

2.1.2　工作任务

【总体任务】根据项目中提供的案例情景,根据主人物的角色需要在指定的平台和 APP 上完成相关的活动。
【具体任务】
(1) 了解移动支付的主要功能。
(2) 能够根据提供的基础数据和实践平台掌握手机钱包的申请和移动支付的消费统计。

2.1.3　能力训练

【活动】手机钱包制卡
活动目的:掌握手机钱包的后台办理流程。
活动要求:利用移动支付的后台端为某市民办理手机钱包卡。
活动分工:学生 2~4 人一组。
活动器材:计算机、互联网。
活动内容:以用户、柜员的身份分别申请手机钱包卡、制作手机钱包卡,每两个或一个人分别担任一个角色。
活动程序:
林伟在中国移动委托其营业员赵明发放手机钱包卡给他,赵明则通过移动支付服务端为林伟办理,根据对应基础信息进行制卡,如图 2-2 所示。
点击【发卡】,跳出对话框,根据对话框中的信息提示,点击【发卡】,将手机钱包卡放置在对应的 IC 发卡器上,进行发卡操作,如图 2-3 所示。

2.1.4　相关知识

1) 移动支付的概念

移动支付(Mobile Payment),也称手机支付,是指交易双方为了某种货物或者服务,利用移动终端设备为载体,通过移动通信网络实现的商业交易。移动支付所使用的移动终端可以是手机、笔记本电脑、平板等,如图 2-4 所示。

图 2-2 用户信息

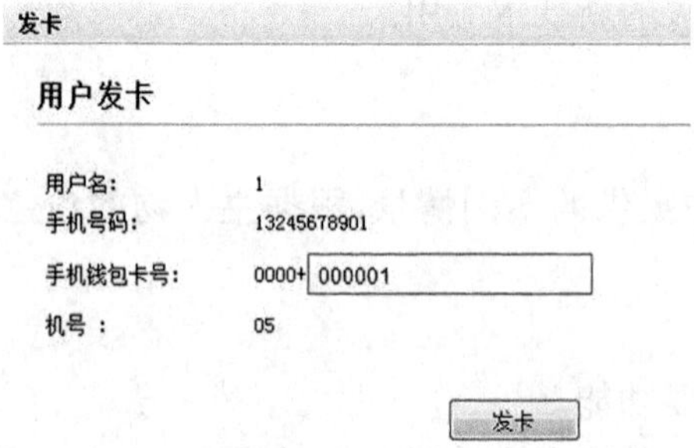

图 2-3 手机钱包用户发卡

移动支付是将客户的手机号码与银行卡账号进行绑定,通过手机短信息、语音等操作方式,随时随地为拥有银行卡的手机用户提供方便快捷的服务。

移动支付的组成通常包括三大功能模块:

(1) 移动支付指令处理功能模块。

(2) 网银相关功能模块。

(3) 内部管理功能模块。

图 2-4 移动支付

2) 移动支付的特点

移动支付可以为拥有银行卡的用户提供方便的个性化金融服务和快捷的支付渠道,主要有三大特点:

(1) 移动性:由于移动终端具有其特定服务实现的随身性和极好的移动性,可以使消费者从长途奔波到指定地点办理业务的束缚中解脱出来,摆脱支付实现的营业厅特定地域限制。

(2) 实时性:移动通信终端和互联网平台的交互取代了传统的人工操作,使移动支付不再受相关金融企业、商家的营业时间限制,使消费者可以足不出户即能完成支付;也避免了毫无价值的排队等候。

(3) 快捷性:移动支付同时还具有缴费准确、无需兑付零钱、快捷、多功能、全天候服务、网点无人值守的快捷性。

3）移动支付的业务模式

根据支付结算账户和实现业务的方式和流程的不同,移动支付的业务模式分为以下 5 种。

(1) 手机话费模式:移动运营商使用手机话费进行小额支付的业务模式。这类模式主要适用于彩铃下载、手机应用等移动增值业务费用的缴纳。

(2) 虚拟卡模式:移动用户通过手机号码和银行卡业务密码进行缴费和消费的业务模式。在目前国内的移动支付市场上,中国银行和大多数的第三方移动支付服务提供商采用的都是这类业务模式。

(3) 手机银行模式:移动用户通过手机菜单完成关联账户的查询、转账、基金买卖等交易的业务模式。这种模式要求用户在银行网点开通手机银行业务或换 STK 卡,申请手机银行关联账户的支付密码。这种模式目前还不能用于用户消费类交易。

(4) 虚拟账户模式:移动用户使用网上虚拟账户进行支付的业务模式。目前,支付宝、Papal 等虚拟账户运营商正在从互联网支付向移动支付领域扩展。微信支付在腾讯公司的大力支持下也悄然起步。

(5) 物理卡的关联支付模式:移动用户通过关联银行卡账户或电子钱包账户进行现场支付和远程支付,或者远程二次发卡与账户充值的业务模式。

4）新技术应用——P2P 转账

P2P 转账利用支持 NFC(近距离无线通信技术)功能的智能手机,使客户可以通过对刷手机方便地进行资金的划转,主要应用在 NFC 近场通信。

(1) 使用技术:利用智能 SD 卡作为 SE(安全芯片),写入银行账户(PBOC)。通过"P2P 对付"(NFC 近场通信)完成两部手机之间信息的传递;通过资金转出方手机的无线网络,连接银行系统,完成转账。对于客户来说,P2P 转账资金划转方便快捷,并实现了无卡实时转账。

(2) 应用:手机 NFC 功能与银行卡完美结合的"手机钱包"。在此章节中使用该技术完成移动支付的发卡和消费使用的功能。

图 2-5 发卡器

(3) 使用硬件:IC 发卡器(如图 2-5 所示)、静脉识别仪、指纹识别仪。

2.1.5 思考与练习

什么是移动电子支付?移动电子支付方式有哪些?

模块 2.2 手机钱包消费

2.2.1 教学目标

【终极目标】了解如何使用手机钱包进行消费。

【促成目标】

(1) 了解移动支付的远程支付。

(2) 了解移动支付的现场支付。

(3) 掌握移动支付的充值业务。

(4) 掌握移动支付的缴费功能。

(5) 了解与移动支付相关的新技术应用。

2.2.2 工作任务

【总体任务】根据项目中提供的案例情景,根据主人物的角色需要在 APP 上完成相关的活动。

【具体任务】

(1) 了解移动支付的主要功能。

(2) 能够根据提供的基础数据和实践平台掌握手机钱包的充值与缴费。

2.2.3 能力训练

【活动一】手机钱包充值

活动目的:掌握手机钱包的充值功能。

活动要求:利用移动支付的 APP 给对应的手机钱包账户充值。

活动分工:学生 2~4 人一组。

活动器材:智能终端(手机、pad)、互联网。

活动内容:以用户的身份利用个人网上银行实现手机钱包的充值。

活动程序:

手机钱包制卡完成后,林伟可直接通过手机钱包手机客户端进行手机钱包充值,如图 2-6 所示。点击【手机钱包充值】,出于安全考虑,林伟每次充值金额不超过 1000 元,如图 2-7 所示。

使用网上银行进行充值,并根据系统提示的手机验证码进行充值,如图 2-8 所示。

图 2-6 移动支付主界面

图 2-7 输入充值金额

图 2-8 手机钱包充值界面

【活动二】手机钱包消费
活动目的:掌握手机钱包的使用。
活动要求:使用手机钱包实现生活和娱乐。
活动分工:学生 2~4 人一组。
活动器材:智能终端(手机、pad)、互联网。
活动内容:以用户的身份利用手机钱包进行水电费的缴纳、话费的充值等操作。
活动程序:
手机钱包充值完成后可进话费充值、水电费缴纳,点击主页面上的【交水费】,填写缴费单号,如图 2-9 所示。点击【下一步】确认水费信息,如图 2-10 所示,点击【立即支付】。之后的操作与网上充值相同。

图 2-9　填写水费单号

图 2-10　确认水费信息并支付

2.2.4　相关知识

1) 移动支付流程

移动支付与一般的银行卡支付交易过程相似,不同的是,移动支付整个过程是基于移动网络进行的,因此网络提供商作为主要当事方,其作用贯穿于整个移动支付交易过程。总结起来可以归纳成一般流程,大体涉及用户、商户、支付平台、移动网络运营商、第三方信用机构和设备制造商。大体的流程如图 2-11 所示。

上图描述了一个完整的移动支付过程。其完整描述为:

(1) 购买请求:消费者可以对准备购买的商品进行查询,在确定了准备购买商品之后,通过移动通信设备如手机,发送购买请求给商家。

(2) 收费请求:商家在接收到消费者的购买请求之后,发送收费请求给支付平台。支付平台利用消费者账号和这次交易的序列号生成一个具有唯一性的代码,代表这次交易过程。

(3) 认证请求:支付平台必须对消费者和商家账号的合法性和正确性进行确认。支付平台把消费者账号和商家账号发送给第三方信用机构,第三方信用机构再对账号信息进行认证。

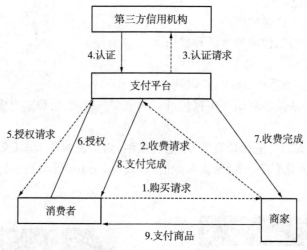

图 2-11 移动支付流程

(4) 认证：第三方信用机构把认证结果发送给支付平台。

(5) 授权请求：支付平台在收到第三方信用机构的认证信息之后，如果账户通过认证，支付平台把交易的详细信息，包括商品或服务的种类、价格等发送给消费者，请求消费者对支付行为进行授权。如果账号未能通过认证，支付平台把认证结果发送给消费者和商家，并取消本次交易。

(6) 授权：消费者在核对交易的细节之后，发送授权信息给支付平台。

(7) 收费完成：支付平台得到了消费者的支付授权之后，开始对消费者账户和商家进行转账工作，并且把转账细节记录下来。转账完成之后，传送收费完成信息给商家，通知商家向消费者交付商品。

(8) 支付完成：支付平台传送支付完成信息给消费者，作为支付凭证。

(9) 支付商品：商家在得到了收费成功的信息之后，把商品交付消费者。

2) 移动支付的运营模式

(1) 以移动运营商为主体的模式：移动运营商作为移动支付平台的运营主体，把移动用户的手机话费账户或建立专门的小额账户（专有账户）作为移动支付账户，用户通过移动支付发生的交易费用即可直接从手机话费账户或专门的小额账户中扣减。金融机构则是最终结算单位、账户管理者，并且要承担一部分平台维护工作，如图 2-12 所示。

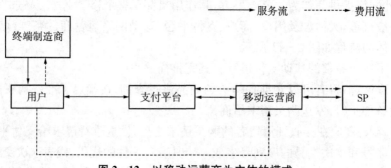

图 2-12 以移动运营商为主体的模式

该模式的优点：

① 产业链各环节容易组织和协调。

② 运转灵活方便，在通信话费账户直接支付的模式中，操作方便、成本低廉。

③ 鉴于移动运营商的网络资源优势，技术实现方便。

该模式的缺点：

① 目前移动运营商自身的移动支付业务运作效率不高。

② 移动运营商过于强势的地位容易产生风险。

(2) 以银行为主体的模式：当银行作为移动支付平台的运营主体时，银行将用户的银行账户与手机账户绑定，用户通过银行账户进行手机支付。移动运营商不参与支付过程，只向用户和银行提供信息通道，如图 2-13 所示。

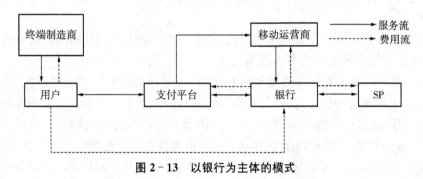

图 2-13 以银行为主体的模式

该模式的优点：

① 具有足够的个人账户管理和支付领域的经验，庞大的支付用户群和用户对银行长期服务建立起来的信任，这是巨大的优势。

② 银行可借助移动运营商的通信网络，独立提供移动支付服务，移动运营商无须参与运营和管理，由银行独立享有移动支付的用户，并对他们负责。

该模式的缺点：

① 由于各银行只为本行用户提供相关服务，移动支付在银行之间不能互联互通，很大程度上限制了移动支付业务在行业间的推广，也给 SP 带来很大不便，SP 需要与多家银行进行连接。

② 各银行都要购置自己的设备并开发自己的系统，造成资源极大浪费。对终端设备的安全要求很高，用户需要更换手机或 STK 卡。

(3) 以第三方支付平台提供商为主体的模式：在第三方移动支付运营商主导的模式中，第三方支付机构是移动运营商与商业银行联合成立的合资公司，或者是移动运营商与银行卡公司的合资公司，也可以是除移动运营商、银行卡公司和银行之外的其他中介机构，如图 2-14 所示。

该模式的优点：

① 高效。第三方移动支付平台运营商起到信息中心的作用，将金融机构、移动运营商、商户等各利益群体之间错综复杂的关系梳理清楚，将多对多的关系变为一对多的关系，从而大大提高了商务运作的效率。

② 资源复用。不仅各个金融机构都可使用移动支付平台，移动运营商也可以使商家只提供一个和移动商务平台连接的接口，而不必考虑不同银行用不同的接口。相比各自搭建各自

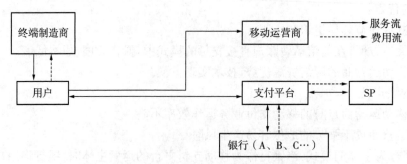

图 2-14 以第三方支付平台提供商为主体的模式

的平台和系统,大大节省系统搭建费用、维护费用和用户共享。

该模式的缺点:

① 对第三方移动支付运营商的要求很高,在市场推广能力、技术研发能力、资金运作能力等方面都要求具有很高的行业号召力和执行力。

② 现有的第三方移动支付运营商规模普遍偏小,没有人民银行要求的金融结算制,缺乏规范化管理,尚未得到市场的广泛认可,特别是难以打消消费者对移动支付安全性的担忧。

(4) 银行与运营商合作模式:相对于第三方移动支付运营公司,移动运营商与银联/银行的强强联手则优势明显。中国移动与中国银联、各国有及商业股份制银行联合推出的"手机钱包"业务就是区别于第三方移动支付平台模式的经典事例,它是中国移动与各商业银行共同开展银行信息服务、银行中间业务和移动支付的自由业务,具有天生的优越性。同时,经过前几年的摸索,中国移动和银联/银行也看到了由于自身体制限制,在业务创新、快速市场反应等方面的不足,所以也引入了第三方——联动优势,其定位是在中国移动和银联/银行背后、对整个业务进行运营支撑的支持性公司。

2.2.5 思考与练习

什么是移动支付系统?移动电子支付系统分类有哪些?

模块 2.3　充值/消费记录查询

2.3.1 教学目标

【终极目标】学会使用手机钱包充值与消费。

【促成目标】

(1) 了解移动支付的后台信息管理。

(2) 了解移动支付的个人信息查询。

2.3.2 工作任务

【总体任务】根据项目中提供的案例情景,根据主人物的角色需要在指定的平台和 APP 上完成相关的活动。

【具体任务】
(1) 了解移动支付的主要功能。
(2) 能够根据提供的基础数据和实践平台掌握移动支付的记录查询。

2.3.3 能力训练

【活动】移动支付消费记录查询

活动目的:掌握手机钱包的后台办理流程。

活动要求:利用移动支付的后台端为某市民办理手机钱包卡。

活动分工:学生 2~4 人一组。

活动器材:计算机、智能终端、互联网。

活动内容:以用户、管理员的身份分别查询对应的手机钱包记录和所属用户的信息记录,每两个或一个人分别担任一个角色。

活动程序:

1) 客户端自主查询记录

点击客户端主界面上的【充值记录】,可直接查询手机钱包充值记录,如图 2-15 所示。点击右下角的【消费记录】,可查询使用移动支付进行消费的所有记录,如图 2-16 所示。

图 2-15 充值记录查询

图 2-16 消费记录查询

2) 服务端查询记录

赵明通过营业厅的服务端查询林伟的充值/消费记录,如图 2-17 和图 2-18 所示。

2.3.4 相关知识

1) 移动电子商务的特点

移动电子商务相对于电子商务环境具有以下特点:

(1) 移动性(Mobility):移动是无线链路最明显的优势之一,它可以不受定点上网限制,允许随时随地收发信息,即不受时间、地域的限制。

(2) 安全性(Security):无线设备所使用的 SIM 卡可以提供较高的设备拥有者的安全身

图 2-17 服务端查询消费记录

图 2-18 消费统计查询

份认证。

(3) 定位性(Localization):通过电信业的电信网络可以随时跟踪和定位移动用户所在区域位置。

(4) 个性化(Personalization):目前人手一机已成为普遍现象,手持设备成为人们生活必备工具,相比于个人电脑更具有个性化特点。

2) 移动电子商务安全

移动电子商务中的安全应确保交易双方的合法权益所涉及的内容不受非法入侵者的侵害。通常,主要涉及数据的机密性(Confidentiality)、数据的完整性(Integrity)、数据的鉴别(Authentication)、不可否认性(Non-repudiation)等方面的内容。

移动支付系统按照交易额的数量分为宏支付和微支付。现有的移动支付系统大部分都是微支付。在微支付系统中,交易的费用是从用户的话费中扣除的,不涉及银行的直接参与。而在宏支付系统中,用户用手持设备购物时,银行是直接参与者之一,用户的交易费用是从与用户手持设备绑定的银行账户中扣除的。由于交易额较大,宏支付对安全性要求较高。

2.3.5 思考与练习

移动支付与网上银行的关系是什么?

模块 2.4　消费统计

2.4.1 教学目标

【终极目标】掌握使用移动支付后台进行消费统计的方法。

【促成目标】
(1) 了解移动支付的后台信息管理。
(2) 了解移动支付的个人信息查询。

2.4.2 工作任务

【总体任务】根据项目中提供的案例情景,根据主人物的角色需要在 APP 上完成相关的活动。

【具体任务】
(1) 了解移动支付的主要功能。
(2) 能够根据提供的基础数据和实践平台了解手机钱包的消费统计和查询。

2.4.3 能力训练

【活动】消费统计

活动目的:掌握手机钱包的后台办理流程。

活动要求:利用移动支付的后台端为某市民查询移动支付消费。

活动分工:学生 2~4 人一组。

活动器材:计算机、智能终端、互联网。

活动内容:以用户、管理员的身份分别查询对应的手机钱包记录和所属用户的信息记录,每两个或一个人分别担任一个角色。

活动程序:

林伟可到移动营业厅通过赵明查询自己的消费统计情况,赵明通过登录移动支付服务端,帮其查询消费统计情况,如图 2-19 所示。点击【查看详细】可查看对应明细,如图 2-20 所示。

列表信息									
交易号	交易对方	商品名称	金额	交易状态	交易类型	交易人	交易时间	操作
16033114253077602434	移动支付服务商	手机充值	100.00	支付成功	移动支付	s1	2016-03-31 14:25	查看详情
16012509182972202586	移动支付服务商	手机钱包充值	1000.00	支付成功	移动支付	1	2016-01-25 09:18	查看详情

图 2-19　消费统计明细查询

图 2-20 消费统计明细查询

2.4.4 相关知识

1) 移动支付的发展前景

（1）支付的快捷性提升：移动支付的场景有两类，一是远程支付，如支付公用事业账单等，这相当于在线购物的模式，唯一的差别是，用户可以通过手机摄像头扫描条形码；二是近场支付，也就是面对面的支付，相当于直接支付现金，或者用移动 POS 机进行刷卡消费。

（2）未来多种支付方案将共存：首先，对于公共交通等高速小额支付，将是 NFC 的天下，毕竟速度更快，同时当前已经布设的设备也可以继续使用，不需要过多的改造；其次，对于大型商家、连锁渠道而言，各类支付方式将同时存在，毕竟它们是所有服务商共同争夺的对象，届时柜台上将会摆着多个企业的终端；最后，对于小型商家，或者发生在个人用户之间的支付，将是支付宝类公司的天下，毕竟它们可以不用布设专门的终端，推广起来更为便利。

2) 移动支付的弊端

（1）安全认证的漏洞：在使用网络支付时，后台的运行原理可以简单理解为，用户通过手机、pad、电脑等终端向银行服务器发出支付指令，包括支付金额、接收账户等；同时银行服务器会发出验证指令，目前通用的方式是发送短信验证码或者使用动态密码令牌。

在移动互联网环境下，现有的身份识别方式基于客户预留手机号的短信验证，一旦手机卡被复制或验证短信被劫持转发等情况发生，犯罪分子可以非法控制受害人的手机银行。

（2）相关监管制度和手段跟不上：主体不明晰，国内移动支付多种商业模式并存，由此产生不同的监管主体各自为政的监管局势，尚未明确具体由哪个部门进行统筹监管。

法律法规不完善和监管依据不充分使得移动支付产生各种问题，无法完全适用。

2.4.5 思考与练习

如何做好移动支付的风险防范？

项目 3 移动校园

【项目简介】

本项目的工作任务是通过对校园地图功能的实践和后台处理,并根据校园用户的需求,提供独具特色的校园业务功能。项目要求学生在特定的教学平台和手机 APP 上实现校园建筑的信息增删、校园周边的管理以及校园景点的信息管理。通过项目实践,让学生掌握校园地图的使用和校园地图的后台操作,以及相关的新技术应用和软硬件结合。

【项目案例】

林伟是某公司的销售人员,这次出差主要的目的是为了拜访南京财经大学的教学主任,了解南京财经大学对于实验室建设的需求。尽管他对南京财经大学内部建筑的地理位置不够清楚,但是奥派公司开发出的"校园地图"移动 APP 能够帮助他定位到校园内部具体设施,同时能够提示校园周边的餐饮、娱乐和书店等设施。林伟在学校周边发现比较有价值的书店,还将该地址和图片分享到 APP 上,过不了多久分享内容就被审核通过并存在于"校园周边"信息列表中。

张玲看到后台有未审核信息,立即进行了处理,经过核实信息正确便将审核状态改为通过。

在这个校园地图 APP 的使用过程中,共涉及使用者林伟和管理者张玲两个角色,需经过以下三个环节:① 林伟使用校园地图,张玲管理校园建筑数据;② 林伟查看校园景点并分享;③ 张玲管理校园周边后台。

模块 3.1 校园建筑

3.1.1 教学目标

【终极目标】学会校园建筑的使用及管理。

【促成目标】

(1)了解移动校园的概念。

(2)了解移动校园的特点。

(3)掌握移动校园的应用。

(4)掌握校园地图后台和前端业务流程。

(5)了解与校园地图相关的新技术应用。

3.1.2 工作任务

【总体任务】 根据项目中提供的案例情景,根据主人物的角色需要在指定的平台和APP上完成相关的活动。

【具体任务】

(1) 了解校园地图的主要功能。

(2) 能够根据提供的基础数据和实践平台掌握校园地图的应用和校园地图的后台数据管理。

3.1.3 能力训练

【活动一】 校园建筑使用

活动目的:掌握校园地图的使用功能。

活动要求:利用校园地图的APP端为林伟查找校园内某一建筑并进行导航。

活动分工:学生2~4人一组。

活动器材:智能终端、互联网。

活动内容:以用户的身份分别使用校园地图,每两个或一个人分别担任一个角色。

活动程序:

林伟去学校出差时,时常花费较多时间在寻找某教学楼上,为此他找到一款软件——奥派校园地图,解决了Google和百度无法定位到学校内部具体设施位置的问题。林伟通过使用这款应用找到了目的地点。要想找到校园教学楼首先需要打开"奥派校园地图"APP,手机会自动定位到所在地点,如图3-1所示。然后点击【校园建筑】,查找某教学楼的所在位置,如图3-2所示。

图3-1 校园地图主菜单

图3-2 校园内建筑导航

【活动二】 校园建筑管理

活动目的:掌握校园地图的管理功能。

活动要求:利用校园地图的后台端针对校园内建筑添加相关属性信息。
活动分工:学生2～4人一组。
活动器材:计算机、互联网。
活动内容:以管理员的身份管理校园地图信息,每两个或一个人分别担任一个角色。
活动程序:
张玲以管理员的角色进行校园建筑的内容添加,填写"建筑名称",上传"建筑照片",并点击【保存】,如图3-3所示。

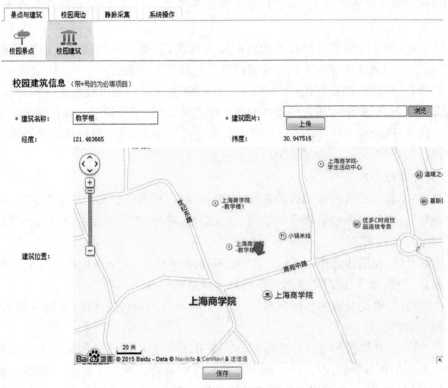

图3-3 校园建筑添加

管理校园建筑还能添加新增的校园建筑,删除陈旧的建筑信息等,如图3-4所示。

全选	建筑名称	经度	纬度	操作
□	教学楼	121.463665	30.947516	编辑
□	宿舍	121.465951	30.946947	编辑
□	图书馆	121.462987	30.946842	编辑
□	图文信息中心	121.462825	30.947121	编辑
□	行政楼	121.461617	30.947597	编辑

图3-4 校园建筑编辑

3.1.4 相关知识

1) 移动校园的概念

移动校园是一种基于传统互联网和移动互联网技术,以手机、MID、PDA 和平板电脑等小型化移动通信设备为信息载体,为在校学生营造情景交互式的移动生活和学习氛围,实现在生活环境和活动、学习环境和资源等方面均以学生为中心的虚拟校园。

2) 移动校园的特点

移动校园覆盖了传统意义上的校园,如普通高等院校、中高职院校和广播电视大学等,主要具有以下特点:

(1) 情景化:移动终端和移动技术使虚拟成为现实,创建了新的校园生活场景和学习情景,推动了以情景为载体引导学生自主探究性移动化校园的进程。

(2) 移动化:移动终端良好的移动性,使得在校学生在宿舍也可轻松进行各种学习咨询,进行校园周边订餐,了解学校附近的旅游和住宿信息等,增强了校园学习和生活的移动化。

(3) 信息化:移动校园通过基于移动终端的信息接收技术,使得用户可即时了解校园周边的餐饮、旅游、娱乐等信息,促进了校园的信息化建设。

3) 移动校园的应用

近年来,移动校园已经在普通高等院校、中高职院校、社区学校和广播电视大学、各级培训机构等领域得到广泛应用,在开展移动学习、学校教学、招生、教务管理以及校园文化建设等方面取得了非常好的效果。

(1) 学习考试:利用移动终端展示的各种讲座和考试信息,方便学生更及时地了解各种学习和考试信息,使跨地区、跨时空的远程学习和考试从虚拟成为现实。

(2) 生活娱乐:移动校园的各个应用,可以全景展示校园周边的环境、餐饮及娱乐,为校园生活娱乐提供新的工具。

(3) 教务管理:移动校园在教务管理方面的应用,主要集中在信息传递的及时和迅速。基于移动技术开发的教务管理应用,一方面使老师可以在最短时间里了解学生的学习和考试情况,并及时进行处理;另一方面当有新的教务信息发布时,拥有移动接收端的师生都可以最快地获得全新的信息内容。

4) 新技术应用——LBS

基于位置的服务(Location Based Service,LBS),是通过电信移动运营商的无线电通讯网络(如 GSM 网、CDMA 网)或外部定位方式(如 GPS)获取移动终端用户的位置信息(地理坐标,或大地坐标),在 GIS(Geographic Information System,地理信息系统)平台的支持下,为用户提供相应服务的一种增值业务。

(1) 使用技术:利用移动智能终端作为服务的载体,获取基于位置的实时信息。

通过 LBS 技术找到移动终端用户的当前地理位置,然后寻找移动终端用户当前位置处 1 km 范围内的宾馆、影院、图书馆、加油站等的名称和地址,所以 LBS 技术就是要借助互联网或无线网络,在固定用户或移动用户之间,完成定位和服务两大功能。

(2) 应用:手机 LBS 功能与校园建筑和周边完美结合的"校园地图"APP。在此章节中使用该技术完成手机的定位及其相关数据服务。

(3) 使用硬件:移动智能终端。

3.1.5 思考与练习

社交网络是以什么理论为基础发展起来的?

模块 3.2 校园景点

3.2.1 教学目标

【终极目标】学会校园景点的使用及管理。
【促成目标】
(1) 了解移动校园的概念。
(2) 了解移动校园的特点。
(3) 掌握移动校园的应用。
(4) 掌握校园地图后台和前端业务流程。
(5) 了解与校园地图相关的新技术应用。

3.2.2 工作任务

【总体任务】根据项目中提供的案例情景,根据主人物的角色需要在指定的平台和 APP 上完成相关的活动。
【具体任务】
(1) 了解校园地图中校园景点的主要功能。
(2) 能够根据提供的基础数据和实践平台掌握校园景点的应用和校园景点的后台数据管理。

3.2.3 能力训练

【活动一】校园景点使用
活动目的:掌握校园地图的实用功能。
活动要求:利用校园地图的前台端查找某个校园景点并进行导航。
活动分工:学生 2~4 人一组。
活动器材:智能终端、互联网。
活动内容:以用户、管理员的身份分别使用校园地图、管理校园地图信息,每两个或一个人分别担任一个角色。
活动程序:
林伟在拜访完成之余,通过"奥派校园景点"客户端查看附近的校园景点,点击【校园景点】,如图 3-5 所示。点击具体景点可查看路径导航,如图 3-6 所示。

图 3-5　校园景点列表

图 3-6　校园景点路径导航图

【活动二】校园景点管理

活动目的：掌握校园地图的管理功能。

活动要求：利用校园地图的后台端建立校园景点的基础和导航信息。

活动分工：学生 2~4 人一组。

活动器材：计算机、互联网。

活动内容：以管理员的身份管理校园地图信息，每两个或一个人分别担任一个角色。

活动程序：

张玲会根据校园景点信息的更新情况定期更新，包括景点原有数据的修改，点击【编辑】；添加新数据则点击【添加】，如图 3-7 所示。

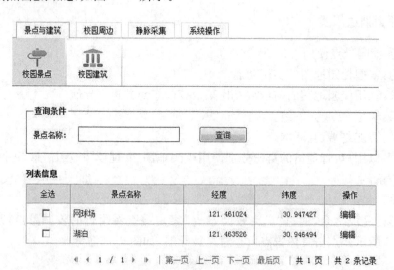
图 3-7　景点与建筑数据维护

3.2.4 相关知识

校园热门 APP——超级课程表

超级课程表(如图 3-8 所示)是广州周末网络科技有限公司旗下一款针对大学生的最实用校园应用。应用通过对接高校教务系统,快速录入课表到手机,收录千万节课程信息,可以实现校内跨院系任意蹭课,并且可以通过应用学习外语,充实学生的课余生活。

功能列表:

(1) 对接高校教务系统,自动录入课表到手机。
(2) 快速记录课堂笔记、课后作业,提高学习效率。
(3) 精准推荐千万节旁听课程,校内跨院系蹭课。
(4) 软件内学习外语,充实你的课余生活。
(5) 精彩"下课聊",百万大学生在线交流社区。
(6) 同学间互传纸条,在线交流、学习。

图 3-8 超级课程表

3.2.5 思考与练习

(1) 移动服务提供商一般采取(　　)到达最终用户。
A. 通过多接入点　　　　　　　　B. 通过特定接入点
C. 通过垂直接入点　　　　　　　D. 通过扁平接入点
(2) 在微支付系统中,交易的费用是从(　　)扣除的。
A. 银行　　　　　　　　　　　　B. 手机话费
C. 手机钱包　　　　　　　　　　D. 现金

模块 3.3 校园周边

3.3.1 教学目标

【终极目标】学会校园周边的使用及管理。
【促成目标】
(1) 了解移动校园的概念。
(2) 了解移动校园的特点。
(3) 掌握移动校园的应用。
(4) 掌握校园地图后台和前端业务流程。
(5) 了解与校园地图相关的新技术应用。

3.3.2 工作任务

【总体任务】根据项目中提供的案例情景,根据主人物的角色需要在指定的平台和APP上完成相关的活动。
【具体任务】
(1) 了解校园地图中校园周边的主要功能。
(2) 能够根据提供的基础数据和实践平台掌握校园周边的应用和校园周边的后台数据管理。

3.3.3 能力训练

【活动一】校园周边使用

活动目的:掌握校园地图的实用功能。
活动要求:利用校园地图的前台端查找某个校园周边并进行创建、分享。
活动分工:学生2~4人一组。
活动器材:智能终端、互联网。
活动内容:以用户的身份使用校园周边,每两个或一个人分别担任一个角色。
活动程序:
林伟通过校园周边找到了吃饭休息的地点,如图3-9所示;他在学校周边发现比较有价值的书店,还将该地址和图片分享到APP上,点击页面右上角的按钮,点击【我要分享】,如图3-10所示;输入相关信息、上传照片并点击【上传】,如图3-11所示。

图 3-9 校园周边列表

项目 3　移动校园

图 3-10　校园周边分享

图 3-11　上传图片

【活动二】校园周边管理

活动目的：掌握校园地图的管理功能。

活动要求：利用校园地图的后台端添加或删除校园周边。

活动分工：学生 2～4 人一组。

活动器材：计算机、互联网。

活动内容：以管理员的身份管理校园周边，每两个或一个人分别担任一个角色。

活动程序：

在林伟上传自己的分享后，张玲作为校园地图的后台管理员，看到后台有未审核信息，立即进行了处理，经过核实信息正确便将审核状态改为通过，如图 3-12 所示。

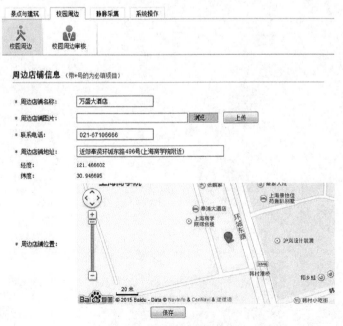

图 3-12　校园周边审核

3.3.4 相关知识

校园周边的盈利方式

校园周边所得收益全部归校园运营团队所有。属于校园创业运营团队独自开展的广告业务收益全部归校园地图所有。校园周边频道是为校园周边商家提供了一个面向学校学生宣传产品和服务的平台,为商家提供一个吸引学生眼球的网上商铺,商家可以发布商品、服务信息、促销信息、活动信息等,相当于一年365天不间断地面向学校学生发布广告。同时为在校学生提供一个查询校园周边的信息平台,如果有消费需求可直接从网上获取信息、联系商家、网下进行消费。

3.3.5 思考与练习

(1) 在移动商务模型中,可以看到运营管理战略在很大程度上依赖(   )。
A. 商业环境   B. 协调和契合   C. 企业绩效   D. 战略设计
(2) 所有移动商务各种商务模式取得成功的先决条件是(   )。
A. 较高的赢利   B. 多种服务形式
C. 高水平的安全性   D. 技术的先进性

项目4 移动购物

【项目简介】

本项目的工作任务是通过对移动购物功能的实践和后台处理,实现移动端的商品交易和商品后台管理,以及移动购物的营销相关的促销手段。项目要求学生在特定的软件平台上进行添加种类、上架商品、管理库存、商品促销、商品购买等实践。通过项目实践,让学生掌握移动购物、商品上架的步骤、方法和实质。

【项目案例】

人类已经进入了4G时代,移动设备技术的发展日新月异,因此移动购物成为了不可逆转的主流趋势。主营百货生产销售业务的飞购百货公司等传统企业也对移动购物跃跃欲试。

飞购公司自2007年开始涉足电子商务,目前已经建立独立的销售网站,线上线下的融合发展引领零售发展新趋势。为进一步开拓国内外市场,更好地发挥电子商务的优势,公司董事会研究决定在整合已有的企业资源计划(ERP)系统、客户关系管理系统、采购系统、仓储系统等的基础上开发对应于销售网站的移动应用——移动购物系统。焦青是飞购公司电子商务部的一名运营者,他将这个项目的APP制作交给了一家移动应用开发的外包公司,在等待APP完成的这段时间,他还安排部门相关人员进行商品的信息收集,包括商品的基础信息、照片详情等。APP制作完成后将商品的信息通过后台添加到系统中,之后与运营部和推广部进行协作,进行飞购公司移动购物系统的运营与推广工作。

这个过程中涉及消费者和运营部,包括以下8个环节:① 运营部进行商品管理;② 团购管理;③ 摇一摇管理;④ 运费管理;⑤ 评论管理;⑥ 消费者购买商品;⑦ 消费者在"我的购物"中查询物流;⑧ 消费者"摇一摇"消费,如图4-1所示。

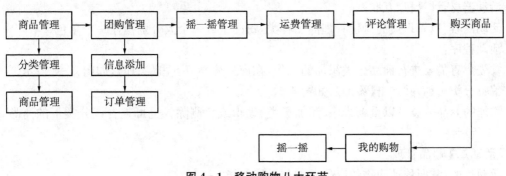

图4-1 移动购物八大环节

模块 4.1　商品管理

4.1.1　教学目标

【终极目标】掌握移动购物后台的商品管理。

【促成目标】
(1) 了解移动购物的概念。
(2) 了解移动购物的特点。
(3) 掌握移动购物的应用。
(4) 掌握移动购物后台和前端业务流程。
(5) 了解与移动购物相关的新技术应用。

4.1.2　工作任务

【总体任务】根据项目中提供的案例情景,根据主人物的角色需要在指定的平台和APP上完成相关的活动。移动购物系统和对应的APP开发完成后,计划将商品的基础信息添加到数据库中,并进行上架和活动促销。

【具体任务】
(1) 了解移动购物的主要功能。
(2) 能够根据提供的基础数据和实践平台掌握移动购物的应用和移动购物的后台数据管理。

4.1.3　能力训练

【活动一】商品分类管理
活动目的:掌握移动购物的种类添加功能。
活动要求:利用移动购物的服务端为商品添加一级、二级分类。
活动分工:学生2~4人一组。
活动器材:计算机、互联网。
活动内容:以管理员的身份管理商品种类,每两个或一个人分别担任一个角色。
活动程序:
首先焦青需要进行商品分类添加的工作,在商品分类下点击【添加】,如图4-2所示。
编辑分类名称,并点击【添加】,如图4-3所示。
添加的商品分类可以重新排序、添加子类、编辑或者删除。也可查看该分类下的商品,如图4-4所示。

【活动二】商品管理
活动目的:掌握移动购物的商品添加和上架功能。
活动要求:利用移动购物的服务端在商品分类下添加商品详情并上架。
活动分工:学生2~4人一组。
活动器材:计算机、互联网。

活动内容:以管理员的身份管理商品,每两个或一个人分别担任一个角色。

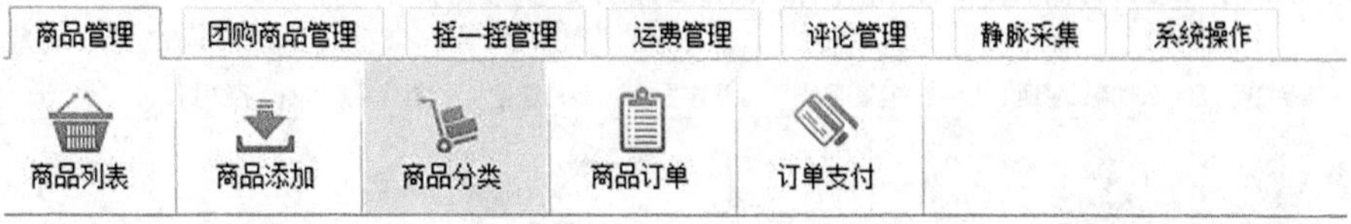

└电动玩具	⬆⬇		编辑 删除 查看商品 转移商品
家居生活	⬆⬇	添加	编辑 删除 查看商品
└家居饰品	⬆⬇		编辑 删除 查看商品 转移商品
└厨房用具	⬆⬇		编辑 删除 查看商品 转移商品
└餐饮用具	⬆⬇		编辑 删除 查看商品 转移商品
└家居日用	⬆⬇		编辑 删除 查看商品 转移商品
图书杂志	⬆⬇	添加	编辑 删除 查看商品
└书籍	⬆⬇		编辑 删除 查看商品 转移商品
└杂志	⬆⬇		编辑 删除 查看商品 转移商品
└报纸	⬆⬇		编辑 删除 查看商品 转移商品
运动保健	⬆⬇	添加	编辑 删除 查看商品
└运动	⬆⬇		编辑 删除 查看商品 转移商品
└瑜伽	⬆⬇		编辑 删除 查看商品 转移商品
└健身	⬆⬇		编辑 删除 查看商品 转移商品
└球迷用品	⬆⬇		编辑 删除 查看商品 转移商品
└保健按摩器材	⬆⬇		编辑 删除 查看商品 转移商品
医疗用品	⬆⬇	添加	编辑 删除 查看商品
└皮肤用药	⬆⬇		编辑 删除 查看商品 转移商品

添加

图 4－2　添加商品分类

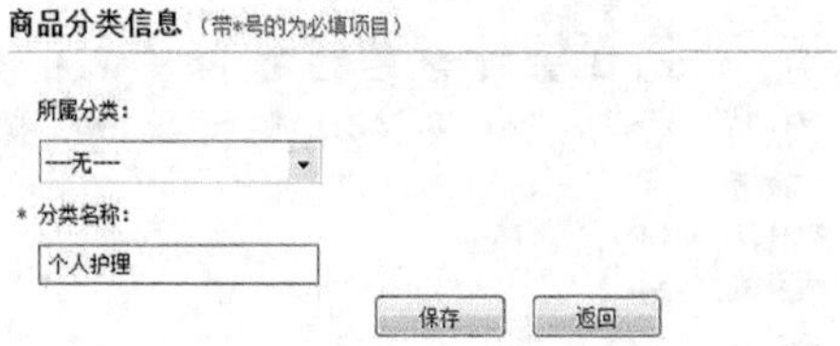

图 4－3　添加分类信息

商品分类列表

分类名称	排序	添加子类	操作
个人护理	⬆⬇	添加	编辑 删除 查看商品
└洗发护发	⬆⬇		编辑 删除 查看商品 转移商品
└洗浴用品	⬆⬇		编辑 删除 查看商品 转移商品
└面部护肤	⬆⬇		编辑 删除 查看商品 转移商品
└男士护理	⬆⬇		编辑 删除 查看商品 转移商品
└口腔护理	⬆⬇		编辑 删除 查看商品 转移商品

图 4－4　编辑商品分类

活动程序:

选择【商品添加】,编辑商品基本信息,点击【保存】,如图4-5所示。

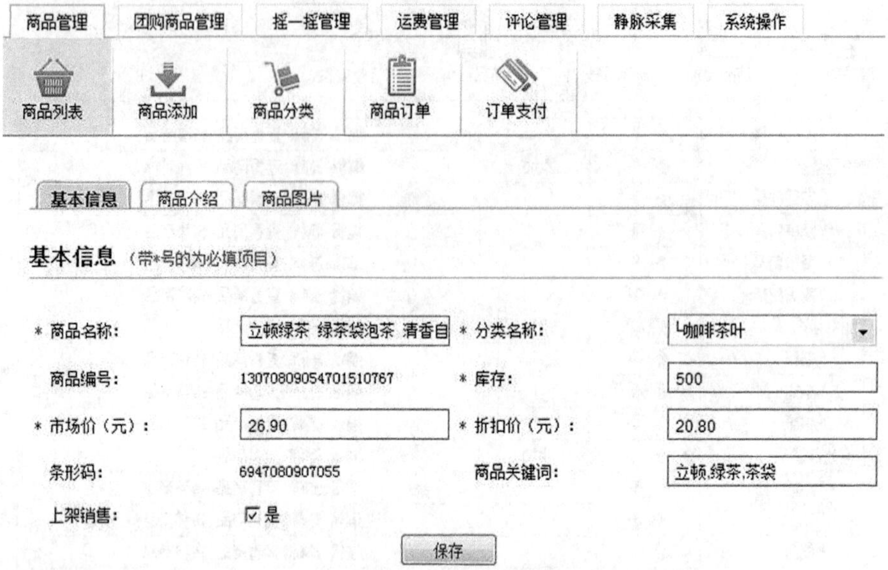

图4-5 添加商品基本信息

添加商品介绍,如图片、文字信息,可上传多张图片,如图4-6所示;并添加商品图片,如图4-7所示。

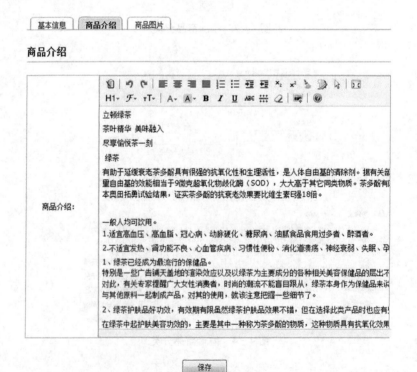

图4-6 添加商品介绍

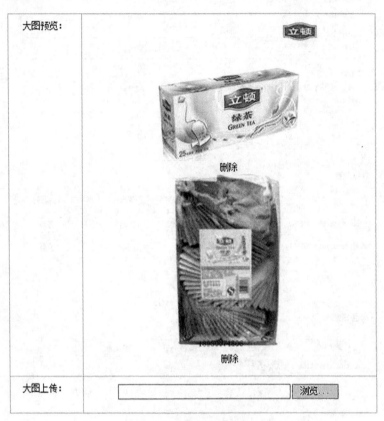

图 4-7 添加商品图片

【活动三】商品订单

活动目的:掌握移动购物的商品订单处理和仓储发货处理。

活动要求:利用移动购物的服务端管理网上支付/货到付款的商品订单。

活动分工:学生 2~4 人一组。

活动器材:计算机、互联网。

活动内容:要求学生区分已成功订单和未成功订单,并及时对这两种订单做后续的处理工作。

活动程序:

选择订单状态为"已支付未发货",并点击【查询】,如图 4-8 所示。

点击【查看】,如图 4-9 所示。

对商品进行发货处理,点击【发货】,如图 4-10 所示。

图 4-8 商品订单详情

图 4-9 商品订单查看

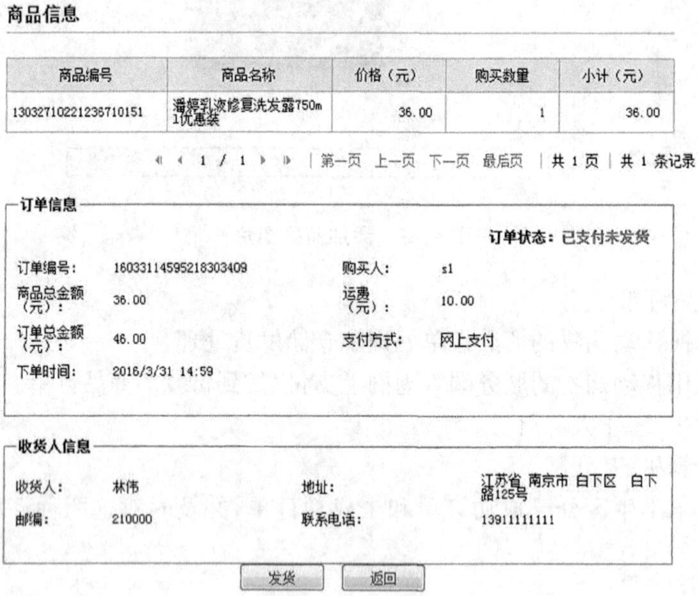

图 4-10 发货

【活动四】订单支付

活动目的:掌握手机银行功能在支付环节中的使用方式。

活动要求:利用移动端的手机银行方式支付购物订单。

活动分工:学生 2~4 人一组。

活动器材:计算机、互联网。

活动内容:买家确认订单后,进入支付环节,输入银行卡号和密码,进行网上银行付款活动。商家在后台查看支付情况。每两个或一个人分别担任一个角色。

活动程序:

利用手机在网站上购买商品,点击"掌上团购",查询到需要购买的商品,如图4-11所示。

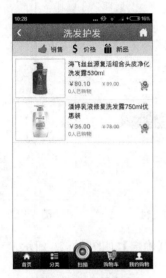

图4-11 查看商品

图4-12 商品介绍

点击商品,可以查看该商品的基本信息,选择购买数量,点击【立即抢购】,如图4-12所示。

图4-13 提交订单

图4-14 商品订单详情

确认订单与收货信息,点击【提交订单】,如图4-13所示。

再次确认购买的商品信息以及收货人的信息,点击【支付】,如图4-14所示。

这时将收到一条包含验证码的短信,记住这个验证码,如图4-15所示。

图 4-15 收到手机验证码　　　图 4-16 移动支付　　　图 4-17 支付成功

输入银行卡号、取款密码以及手机验证码,点击【确定】,如图 4-16 所示。

这时系统提示支付成功,如图 4-17 所示。

商家可在后台查看订单,并进行发货等操作,如图 4-18 所示。

图 4-18 订单管理

4.1.4 相关知识

1) 移动购物的概念

移动购物是指利用移动终端,借助移动支付手段完成货品或服务挑选及购买的行为,如图4-19所示。移动购物是移动商务发展到一定程度所衍生出来的一个分支,从属于移动商务,又是移动商务一个更高的发展层次。

图 4-19 移动购物

2) 移动购物的特点

尽管是电子商务的一部分,移动购物还是有它自己的特点:

(1) 移动性:移动购物并不受到互联网光缆的限制,也不受接入点的限制,用户可以利用随身携带的手机、PDA 等移动通信设备随时随地进行购物(要有无线网络覆盖)。

(2) 无处不在性:移动技术可以让用户在任何具有移动通信信号覆盖的地方获取信息。

(3) 个性化:移动硬件有存储容量上的限制,内存软件可以更好地帮助用户进行信息存储和分类,以满足用户的需求。

(4) 灵活性:移动通信设备的便捷性表现在用户可以不受时间地点的限制进行购物。不论用户忙于旅行、工作还是其他活动,都可以通过手机或 PDA 互相交流,也可以单向接受信息。

(5) 传播性:零售商或其他信息编写人可以通过无线网络向部分或者全部进入这个区域的移动服务用户发送特定信息。

3) 移动购物的主要形式

移动购物目前有两种主要表现形式:

(1) 比价购物:比价购物就是用户可通过搜索,进行商品的比价选择。通过手机将网上价格与消费者所在地零售商店的价格进行比较。只要轻轻一扫,就能知道在方圆五公里内是否有更便宜的同样商品。

(2) 移动支付:移动支付业务是将移动网络与金融系统结合,为用户提供更为便利的手段进行商品交易、缴费等金融业务。

4) 新技术应用——二维码

二维码(Quick Response Code,QR code),又称二维条码,它是用特定的几何图形按一定规律在平面(二维方向)上分布的黑白相间的图形,是所有信息数据的一把钥匙。

(1) 使用技术:产品防伪/溯源、广告推送、网站链接、数据下载、商品交易、定位/导航、信息传递、名片交流、WiFi 共享等。

(2) 应用:二维码印章、票务销售应用、表单应用、会议服务、网络资源下载、景点门票应用等等。在本章中使用该技术完成对商品信息的识别、调用和存储。

(3) 使用硬件:① 条码打印机,如图 4-20 所示;② 条码扫描枪,如图 4-21 所示;③POS 机,如图 4-22 所示;④指纹识别仪;⑤静脉识别仪。

图 4-20　条码打印机

图 4-21　条码扫描枪

图 4-22　POS 机

4.1.5　思考与练习

传统企业投身电子商务首先应考虑全面采用(　　)技术。
A. 多媒体　　　　　B. 计算机　　　　　C. 互联网　　　　　D. 数据整合

模块 4.2　团购管理

4.2.1　教学目标

【终极目标】理解团购的实质。

【促成目标】

(1) 了解移动购物的概念。
(2) 了解移动购物的特点。
(3) 掌握移动购物的应用。
(4) 掌握移动购物后台和前端业务流程。
(5) 了解与移动购物相关的新技术应用。

4.2.2　工作任务

【总体任务】根据项目中提供的案例情景,根据主人物的角色需要在指定的平台和 APP 上完成相关的活动。移动购物系统和对应的 APP 开发完成后,计划将商品的基础信息添加到数据库中,并进行上架和活动促销。

【具体任务】
(1) 了解移动购物中团购的主要功能。
(2) 能够根据提供的基础数据和实践平台掌握团购的应用和团购的后台数据管理。

4.2.3 能力训练

【活动一】商品信息添加

活动目的:了解条形码对于商品管理的重要性。

活动要求:利用移动购物的服务端添加团购相关信息并对商品进行数量管理。

活动分工:学生 2~4 人一组。

活动器材:计算机、互联网。

活动内容:以管理员的身份管理团购区,每两个或一个人分别担任一个角色。

活动程序:

商品信息包括分类信息、基本信息和图片介绍等内容,在团购活动开始之前需将这些信息添加至服务端。

包括团购商品分类添加、商品添加以及商品的管理,即将商品的条码通过"条码打印机"打印出来,并贴在对应的商品上用于管理,如图 4-23 所示。

图 4-23 商品条码管理

【活动二】团购订单管理

活动目的:了解条形码对于商品管理的重要性。

活动要求:利用移动购物的服务端查看团购相关信息并对商品进行发货处理。

活动分工:学生 2~4 人一组。

活动器材:计算机、互联网。

活动内容:以管理员的身份管理团购区,每两个或一个人分别担任一个角色。

活动程序:

商品上架后,消费者使用 APP 端购买成功后,焦青在服务端的【团购商品订单】界面可查看到订单信息,如图 4-24 所示。

点击【查看】对已确认订单的商品进行发货处理,如图 4-25 所示。

图 4-24 团购商品订单列表

图 4-25 发货

4.2.4 相关知识

1) 团购的概念

团购（Group Purchase）就是团体购物,指认识或不认识的消费者联合起来,加大与商家的谈判能力,以求得最优价格的一种购物方式。根据薄利多销的原理,商家可以给出低于零售价格的团购折扣和单独购买得不到的优质服务。

团购作为一种新兴的电子商务模式,通过消费者自行组团、专业团购网站、商家组织团购等形式,提升用户与商家的议价能力,并极大程度地获得商品让利,引起消费者及业内厂商、甚至资本市场关注。

2) 团购的商业模式

(1) 网站—用户:团购网站提供有吸引力的商品/服务、超级优惠的折扣来吸引用户购买,并通过奖励用户推广等方式推广用户;用户通过社交化的网络传播,带来规模效应。

(2) 网站—商家:团购网站寻找有合作意向的商家,约定达成团购的有效人数,没有达到人数则相当于媒体广告,达到不同人数规模可分享或提成部分收益。

(3) 商家—用户:用户去商家进行消费,成为实际用户;商家积累用户后,进一步了解需求,再次开拓用户的价值。

3) 团购的盈利模式

在团购类网站中相对成熟的盈利模式主要有以下 6 种:

(1) 商品直销:以"团购"的名义直接在网站上登录商品信息进行直接销售,这里的货源可以是自己进货,或跟商家合作代销,直接获得商品销售利润。商品直销是在网站运作中实现基本盈利的传统方式。

(2) 活动回扣:网站作为商家与买家的中间桥梁,组织有共同需求的买家向商家集体采购,事后商家向网站支付利润回报,即大家生活中常见的"回扣"形式。千万不要小看这个"回扣",它是最有可能收益最大的方式之一。团购商品小到生活用品,大到电器、建材、装修、汽车、房产等,如果成功组织了一个大型采购团,如买车团、买房团,仅一次活动的商家利润回报小到上万,大到十几万甚至更多。一些大型团购网站号称有千人团购会,甚至有万人团购会,这种大规模的采购其产生的利润回报之大可想而知。

(3) 商家展会:可以不定期举办商家展览交流会,商家可以借此机会进行新产品的推广、试用,可以面对面与客户交流、接受咨询与下订单并借此了解客户的需求与建议。网站通过向商家收取展位费获得收益。

(4) 广告服务:团购类网站除了具有区域性特征外,其受众一般都是具备购买能力且有购买需求的人群,对于商家来说定位精准、目标明确、成本低廉,故必将成为商家广告宣传的最佳平台。

(5) 发放会员卡:"VIP 会员"是用来凸显用户"尊贵身份"的常见方式,在年轻人中,特别是学生人群中非常受欢迎。团购网站可以通过发放会员卡的形式来让用户提升"身份",网站可以为持卡会员提供更低廉的商品价格,更贴心的服务,可以让持卡会员直接在合作的商家实体店铺进行"团购"。

(6) 分站加盟:当网站发展到具备了一定的影响力,无形中已经在做起了项目招商。此时可以提供授权给加盟者成立分站,为加盟者提供网络平台、运作经验、共享网站品牌等。在获得加盟费的同时也扩大了自身的规模和影响力。

团购网站的运作、盈利模式不限于以上 6 种,根据其自身的发展状况、环境特点,加以创新,可以产生更多的盈利方式,比如为商家、买家提供更丰富的增值服务等。

4.2.5 思考与练习

团购网站的运营模式是什么样的?

模块 4.3　摇一摇管理

4.3.1　教学目标

【终极目标】学会如何对摇一摇进行管理。
【促成目标】
(1) 了解移动购物的概念。
(2) 了解移动购物的特点。
(3) 掌握移动购物的应用。
(4) 掌握移动购物后台和前端业务流程。
(5) 了解与移动购物相关的新技术应用。

4.3.2　工作任务

【总体任务】根据项目中提供的案例情景,根据主人物的角色需要在指定的平台和 APP 上完成相关的活动。移动购物系统和对应的 APP 开发完成后,计划将商品的基础信息添加到数据库中,并进行上架和活动促销。
【具体任务】
(1) 了解移动购物中摇一摇的主要功能。
(2) 能够根据提供的基础数据和实践平台掌握摇一摇的应用和摇一摇的后台数据管理。

4.3.3　能力训练

【活动】摇一摇管理
活动目的:了解商品促销形式对商品推广的重要性。
活动要求:利用移动购物的服务端添加摇一摇商品相关信息并对商品进行数量管理。
活动分工:学生 2~4 人一组。
活动器材:计算机、互联网。
活动内容:以管理员的身份管理摇一摇区,每两个或一个人分别担任一个角色。
活动程序:
"摇一摇"是该购物平台推出的一种活动商品购买方式,即消费者在意向购买界面摇晃手机,如果有至少两个消费者同时在该界面摇晃手机,则这两位及以上的消费者可以以"摇一摇价"购得该商品。
点击"摇一摇"界面的【添加】,进行商品的添加、上架和下架,如图 4-26 所示。
添加商品时只需要在已有商品库存中选择即将发售的商品并添加价格即可,如图 4-27 所示。

图 4-26 添加"摇一摇"商品

图 4-27 添加商品界面

4.3.4 相关知识

1) 摇一摇起源——微信摇一摇

微信摇一摇是指腾讯公司推出的微信内的一个随机交友应用,通过摇手机或点击按钮模拟摇一摇,可以匹配到同一时段触发该功能的微信用户,从而增加用户间的互动和微信黏度,如图 4-28 所示。

2) 摇一摇购物

提到摇一摇,很多手机用户都会想到腾讯旗下的微信,其实摇一摇并非微信独占。基于手机自身的重力感应,一些拼图软件、安全软件等也使用了摇一摇功能。

摇一摇购物则是利用此功能使得同一时间触发该功能的用户能够以"摇一摇价"购买该商品,摇一摇商品由服务端进行商品的上架,价格一般为商品原价的半折或者更低,用户在手机端相关模块进行摇一摇功能的使用。

图 4-28 摇一摇

4.3.5 思考与练习

移动电子商务物流的特点有哪些?

模块 4.4 商品购买

4.4.1 教学目标

【终极目标】掌握利用移动购物 APP 购买商品的方法。

【促成目标】

(1) 了解移动购物的概念。

(2) 了解移动购物的特点。

(3) 掌握移动购物的应用。

(4) 掌握移动购物后台和前端业务流程。

(5) 了解与移动购物相关的新技术应用。

4.4.2 工作任务

【总体任务】根据项目中提供的案例情景,根据主人物的角色需要在指定的平台和 APP 上完成相关的活动。

【具体任务】

(1) 了解移动购物中商品购买的主要功能。

(2) 能够根据提供的基础数据和实践平台掌握商品购买的应用。

4.4.3 能力训练

【活动】商品购买

活动目的:了解移动购物在电子商务活动中的典型性和重要性。

活动要求:利用移动购物的 APP 进行移动购物中商品购买功能的体验。

活动分工:学生 2~4 人一组。

活动器材:智能终端、互联网。

活动内容:以用户的身份使用移动购物 APP,每两个或一个人分别担任一个角色。

活动程序:

以消费者林伟为例,将 APP 下载到手机上并注册用户后,登录到移动端,如图 4-29 所示。

点击分类进行手动筛选,或者直接在搜索栏输入商品关键词进行商品购买,这里我们以团购为例购买商品。点击【掌上团购】,进入团购页面,如图 4-30 所示。点击商品进入商品详情界面,如图 4-31 所示。

选择商品数量,点击【立即抢购】,并完善个人订单信息,如图 4-32 所示。点击【提交订单】,根据提示填写对应手机验证码,如图 4-33 所示。

图 4-29 移动购物主页面

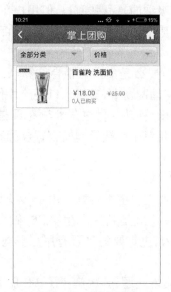

图 4-30 掌上团购

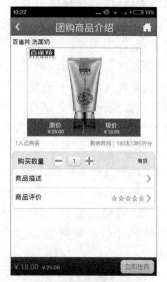

图 4-31 团购商品介绍

图 4-32 商品订单信息完善

图 4-33 订单支付

4.4.4 相关知识

移动购物与传统购物的区别

对百货行业而言,移动购物是全系统的改造。移动购物与传统购物的区别主要表现在两个方面:

(1) 导购方式背后的全渠道思路:在传统百货商场,你看到的是栉比鳞次的品牌店铺或摊位,导购员要么是主动迎上去接待顾客,要么是被动让顾客挑选。但移动购物场景中,很多消费者是在线上就把商品给选定,把商场当作试衣间,再决定是否购买。因此传统百货商场已经将线上电商视为移动购物体验的重要一环。

重视移动购物的背后,是全渠道经营思维。商场吸纳的是品牌商户,但用户在移动端看重的是某个品牌,而不是该品牌在线下不同区域的不同店铺。因此全渠道思维,是百货业需要获得品牌商的关键点。

(2) 商品交易:以往在商场购物的交易结算环节,要么是集中在柜台结算,要么是单个店铺结算;结算方式是收现金、刷卡或现金购物卡。而移动购物中,支付入口是碎片化的,支付方式都在移动端完成。无论是资金结算流程,还是安全度,移动支付在技术与资源支持程度上都相对成熟。交易结算的环节较以往更为平滑、无缝。相对于前端导购而言,这反而成了不需要担心的环节。

然而,百货业在接受移动购物之前,还是有一些困惑:

第一,不知道是开发原生 APP 好,还是借助微信或支付宝平台好。由于传统百货业的 IT 系统与思维相对陈旧,初次碰到 O2O 这种模式,第一反应是开发原生 APP,做自己的品牌。但要开发原生 APP,不仅需要资金、人力与技术的投入,更重要的是要有用户群与流量。这些是百货业的软肋。

而微信平台或支付宝平台首先解决了百货业的流量问题;其次解决了 IT 系统重建问题。虽然传统百货业同样要投入资金、人力与技术,但力度要远低于自己开发一个原生 APP。

第二,体验式消费更多元化——加大餐饮、休闲等软硬件投入比例。百货商场现在已经不单是精品店扎堆的概念,休闲娱乐、生活服务、餐饮也占了很大比例。因此对百货商场来说,扩充经营品类、投入软件硬件的资源也在加大。这不仅需要资金的支持,也需要人力与资源的支持。这一大笔投入,对百货经营者而言也是需要多方位的评估。

4.4.5 思考与练习

淘宝网站和手机淘宝在商品展示方式上有何不同?1号店和淘宝在购物体验上的区别是什么?

模块 4.5 我的购物

4.5.1 教学目标

【终极目标】学会使用移动购物 APP 管理"我的购物"。

【促成目标】

(1) 了解移动购物的概念。

(2) 了解移动购物的特点。

(3) 掌握移动购物的应用。

(4) 掌握移动购物后台和前端业务流程。

(5) 了解与移动购物相关的新技术应用。

4.5.2 工作任务

【总体任务】根据项目中提供的案例情景,根据主人物的角色需要在指定的平台和 APP 上完成相关的活动。移动购物系统和对应的 APP 开发完成后,计划将商品的基础信息添加到数据库中,并进行上架和活动促销。

【具体任务】

(1) 了解移动购物中商品购买的主要功能。

(2) 能够根据提供的基础数据和实践平台掌握商品购买的应用。

4.5.3 能力训练

【活动】我的购物

活动目的:了解移动购物在电子商务活动中的典型性和重要性。

活动要求:利用移动购物的 APP 管理个人的购买信息。

活动分工:学生 2～4 人一组。

活动器材:智能终端、互联网。

活动内容:以用户的身份使用移动购物 APP,每两个或一个人分别担任一个角色。

活动程序:

"我的购物"包括我的订单、我的团购、我的收藏、商品评价、收货地址、物流查询。用户在这里查询自己的相关购物信息,如图 4-34 所示。

图 4-34 我的购物

图 4-35 我的订单

图 4-36 我的团购订单

选择"我的订单",可以查询到订单的情况,可以支付结算未完成的订单,或是取消未提交的订单,如图 4-35 所示。

选择"我的团购",可以查询到订单的情况,处理待结算、待处理、已发货、已完成的订单,如图 4-36 所示。

选择"我的收藏",用户看见满意的商品,可以将其进行收藏。收藏的商品在这里可见,并可以点击进行购买,如图 4-37 所示。

选择"商品评价",用户对购买过的商品可以在这里进行评价,如图 4-38 所示。

选择"收货地址",用户可在这里添加收货地址,如图 4-39 所示。

选择"物流查询",可以查看商品在物流中的情况。对应订单号,点击【查看物流】,如图 4-40 所示。

物流动态如图 4-41 所示。

图 4-37 我的收藏

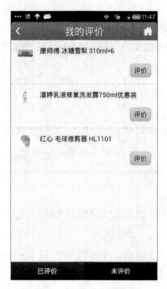

图 4-38 商品评价

图 4-39 添加收货地址

图 4-40 物流查询

图 4-41 物流动态

4.5.4 相关知识

电子商务物流

电子商务物流又称网上物流,是基于互联网技术,旨在创造性地推动物流行业发展的新商业模式;通过互联网,物流公司能够被更大范围内的货主客户主动找到,能够在全国乃至世界范围内拓展业务;贸易公司和工厂能够更加快捷地找到性价比最适合的物流公司;网上物流致力于把世界范围内最大数量的有物流需求的货主企业和提供物流服务的物流公司都吸引到一起,提供中立、诚信、自由的网上物流交易市场,帮助物流供需双方高效达成交易。已经有越来越多的企业通过网上物流交易市场找到了客户,找到了合作伙伴,找到了海外代理。网上物流提供的最大价值,就是更多的机会。

电子商务时代的来临,给全球物流带来了新的发展,使物流具备了一系列新特点:信息化、自动化、网络化、智能化、柔性化以及绿色物流。

4.5.5 思考与练习

简述移动电子商务的物流模式分类。

项目 5 车票预订

【项目简介】

本项目的工作任务是通过对车票预订的前后台功能进行实践和后台处理,实现移动端的车次查询和车票预订,后台服务端进行车次安排、座位安排和管理以及订单处理。项目要求学生在特定的软件平台上添加车次、添加座位、管理座位数,进行车站管理、订单管理和订单打印等。通过项目实践,让学生掌握火车票预订的步骤、方法和实质。

【项目案例】

林伟作为某公司的销售主力,时常需要外出与客户沟通、了解客户需求,购买车票也成为每次出差前首先需要考虑的问题。他使用了奥派公司开发的车票预订 APP,在客户端上预订车票。提前预订比到车站订票更加省时、省力,只需要在车票预订 APP 上预订成功,凭身份证直接到火车站窗口取票即可。

林伟为了顺利完成车票预订中的支付环节,到中国银行开通了个人网上银行,这样林伟就可以进行车票支付了。

车票预订过程涉及消费者和管理员两种角色,需经过以下 4 个环节,如图 5-1 所示:

(1) 预订车票。
(2) 支付订单。
(3) 管理员核实信息。
(4) 打印车票并取票。

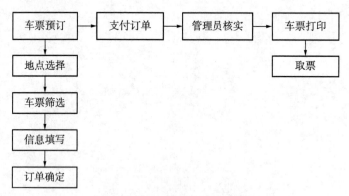

图 5-1 车票预订四大环节

模块 5.1　车票预订

5.1.1　教学目标

【终极目标】了解车票预订的基本流程。

【促成目标】
（1）了解车票预订的流程。
（2）掌握车票预订的方法。

5.1.2　工作任务

【总体任务】根据项目中提供的案例情景，结合角色在指定的平台和 APP 上完成相关活动。进入 APP 应用后，能够根据手机定位信息，选择目的地和出发日期，完成车票预订。

【具体任务】
（1）了解车票预订的基本流程。
（2）能够根据提供的基础数据和平台掌握车票预订应用的使用。

5.1.3　能力训练

【活动】车票预订

活动目的:掌握车票预订 APP 的功能。

活动要求:利用车票预订的移动端查询并预订火车票。

活动分工:学生 2～4 人一组。

活动器材:智能终端(手机/平板)、互联网。

活动内容:以用户的身份利用 APP 预订火车票，每两个或一个人分别担任一个角色。

活动程序：

林伟打开手机上的奥派车票预订 APP,手机自动定位到所在地点，如图 5-2 所示。点击【目的地】选择到达城市，以上海市为例，如图 5-3 所示。

图 5-2　手机定位到出发地点

图 5-3　手动选择目的地

选择好出发日期,点击【搜索车票】即可,如图 5-4 所示。点击右上角的按钮,对车次进行筛选,筛选条件包括车辆类型、出发时间、到达时间,如图 5-5 所示。

图 5-4 车票搜索结果

图 5-5 车票筛选

设置好筛选条件后点击【确定】可进行筛选,筛选结果如图 5-6 所示。确定车次信息后,可点击【预订】进入预订界面,添加乘车人信息,如图 5-7 所示。

图 5-6 筛选结果

图 5-7 确认订单信息

5.1.4 相关知识

1) 移动车票预订的概念

移动票务是一种以手机终端为载体,新型的无纸化票务。它依托一个系统平台和一个业务管理平台,在新兴的电子支付环境下,借助移动的数据通道和用票场地的二维码识读器,实现无纸化的订票、结算和验票手续。其中交通出行方面,主要指车票预订,包括汽车票预订和火车票预订。

火车票预订是铁道部针对火车票购买提供的一项便民服务,主要可以通过铁道部客户服务官网、电话、指定的火车票零售网点或一些出行网站(如携程、去哪儿)接受预定。

2) 移动票务的特点

传统的票务购买中,人们可以通过到售票点排队或通过电话预订,进行购票;但很有可能是辛苦排队半天,结果票却售罄。移动端的票务购买就轻松得多了。具体讲,移动票务具有以下特点:

(1) 更便利:移动端的票务购买节省了人们的时间成本,使购票更加轻松便利。

(2) 无纸化:移动化的票务系统使得仅需通过一个移动终端如手机、Pad即可完成订票、结算和验票等,实现了完全无纸化的票务管理和消费。

3) 车票预订的运作模式

从服务商的角度出发,移动端的车票预订的盈利方式都是根据其应用上的每月或每个季度的订单量在合作网站上领取返还佣金。

在应用上,用户只需要选择车次和座位,然后通过网络、电话等多种方式订票,接下来等着送票上门,或者是到车站自行换票。车票预订的服务形式和订机票的服务完全一样,用户更乐意选择网络订购,避免在车站漫长的排队等待并可避免排了队还买不到票的情况。

4) 新技术应用——RFID技术

RFID(Radio Frequency Identification)即射频识别技术,又称无线射频识别,是一种通信技术,可通过无线电讯号识别特定目标并读写相关数据,而无需在识别系统与特定目标之间建立机械或光学接触。

(1) 使用技术:通过天线与RFID电子标签进行无线通信,可以实现对标签识别码和内存数据的读出或写入操作。

(2) 应用:身份识别、图书馆、门禁系统、食品安全溯源等。在本章中使用该技术实现身份识别。

(3) 使用硬件:身份证识别器(如图5-8所示)、指纹识别仪、静脉识别仪。

图5-8 RFID技术应用

5.1.5 思考与练习

与传统车票预订相比,移动车票预订有哪些优势?

模块 5.2　车票打印

5.2.1　教学目标

【终极目标】了解车票打印的基本操作。
【促成目标】
（1）了解车票打印的操作流程。
（2）掌握车票打印的操作。

5.2.2　工作任务

【总体任务】根据项目中提供的案例情景,结合角色在指定的平台和 APP 上完成相关活动。完成车票预订后,主人物使用身份证信息到取票大厅完成车票打印及取票。
【具体任务】
（1）了解车票打印的流程。
（2）掌握取票的原理。

5.2.3　能力训练

【活动】车票打印
活动目的:掌握车票预订服务端的功能。
活动要求:利用车票预订的后台服务端为预订车票的用户进行取票和打印车票。
活动分工:学生 2～4 人一组。
活动器材:计算机、互联网。
活动内容:以管理员的身份管理车票预订的后台端,每两个或一个人分别担任一个角色。
活动程序:
完成车票网上预订后,林伟需要及时到火车站取票大厅将车票取出。他到达取票窗口,管理员要求其出示身份证取票,或者在自助取票机上扫描身份证直接找到相应的车票信息,并打印,如图 5-9 所示。

图 5-9　扫描身份证

5.2.4 相关知识

目前火车站除了可以在取票大厅进行人工取票,还增加了自助取票机,专门用于网上购票或移动终端的用户取票。取票机使用简单快速,只需不到一分钟就可出票。

取票过程中,车票打印的基本原理是通过对用户的身份信息识别,显示该用户已购买的车票的信息,包括席别、车次、发车时间等,点击打印车票,车票就打印好了。

5.2.5 思考与练习

车票打印的主要依据信息是什么?

模块 5.3 车票管理

5.3.1 教学目标

【终极目标】了解车票管理的实质。
【促成目标】
(1) 了解车票管理的基本操作。
(2) 根据系统提供的基础数据,能对车票的相关数据进行添加、编辑、删除等管理。

5.3.2 工作任务

【总体任务】根据项目中提供的案例情景,结合主人物的角色在指定的平台和 APP 上完成相关活动。完成车票预订和打印后,主人物以管理员身份登录系统后台,对车票的相关信息进行管理,包括车次和车站信息。
【具体任务】
(1) 了解车票管理的功能。
(2) 掌握车次和车站管理的内容。

5.3.3 能力训练

【活动】车票管理
活动目的:掌握车票预订服务端的功能。
活动要求:利用车票预订的后台服务端管理车次和车站信息。
活动分工:学生 2~4 人一组。
活动器材:计算机、互联网。
活动内容:以管理员的身份管理车票预订的后台端,每两个或一个人分别担任一个角色。
活动程序:

管理员需要对已有的车次和车站信息进行管理,包括数据更新、添加和删除等操作,如图 5-10 所示。

点击【添加】可添加新车次信息,包括里程、行程时间、车型等,填写完成后点击【保存】,如图 5-11 所示。

全选	车次	起始站	终点站	出发时间	到达时间	行程时间	编辑
□	D306	上海站	西安北	22:00	08:40	10时40分	编辑
□	G7215	苏州站	上海站	17:48	18:26	0时38分	编辑
□	G7212	上海站	苏州站	06:10	06:36	0时26分	编辑
□	D11	北京站	沈阳北	12:40	17:24	4时44分	编辑
□	D33	北京站	大连站	14:52	22:35	7时43分	编辑
□	D31	大连站	北京站	07:33	15:10	7时37分	编辑
□	D23	北京站	长春	15:33	22:11	6时38分	编辑
□	D402	济南西	北京南	07:15	09:14	1时59分	编辑
□	G608	太原站	北京西	13:43	16:38	2时55分	编辑
□	D5018	吉林	长春	09:02	09:42	0时40分	编辑

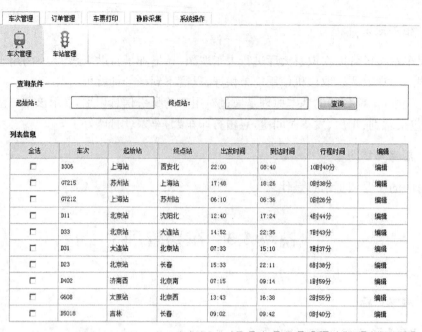

图 5-10 车次、车站管理

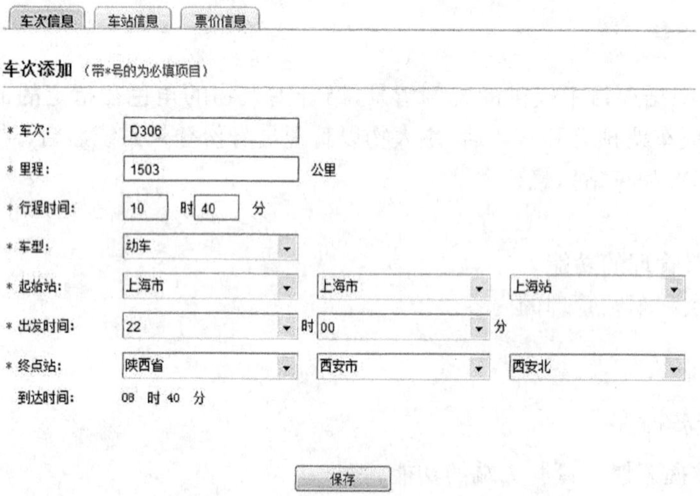

图 5-11 添加车次信息

同时添加【车站信息】,如图 5-12 所示。

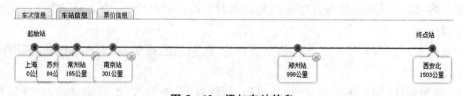

图 5-12 添加车站信息

管理员进行车站管理，如图 5－13 所示。

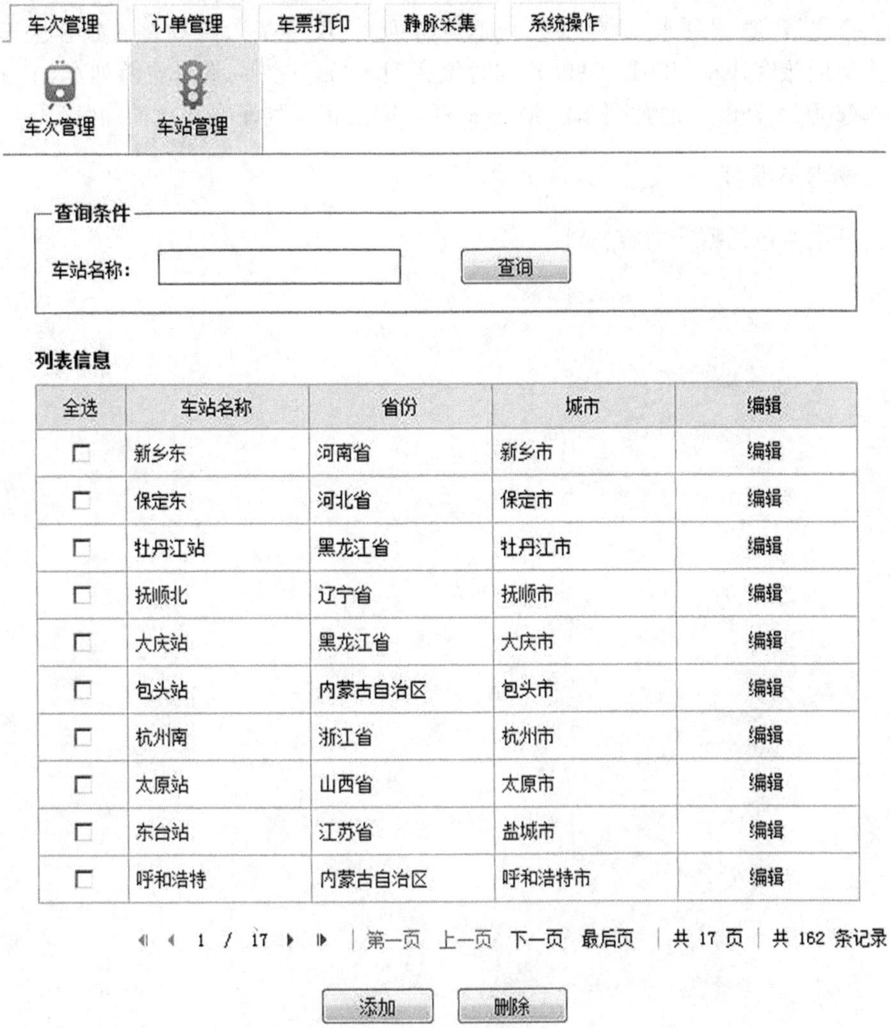
车次管理
订单管理
车票打印
静脉采集
系统操作
车次管理
车站管理
查询条件
车站名称：
查询
列表信息
全选
车站名称
省份
城市
编辑
新乡东 河南省 新乡市 编辑
保定东 河北省 保定市 编辑
牡丹江站 黑龙江省 牡丹江市 编辑
抚顺北 辽宁省 抚顺市 编辑
大庆站 黑龙江省 大庆市 编辑
包头站 内蒙古自治区 包头市 编辑
杭州南 浙江省 杭州市 编辑
太原站 山西省 太原市 编辑
东台站 江苏省 盐城市 编辑
呼和浩特 内蒙古自治区 呼和浩特市 编辑
1 / 17 | 第一页 上一页 下一页 最后页 | 共 17 页 | 共 162 条记录
添加
删除

图 5－13　车站管理

5.3.4　相关知识

1）车站

车站是交通运输生产的基地。旅客乘降、货物承运、列车到发及解编、机车和乘务组的整备和换乘、列检和货物检查，都在车站办理，车站集中了与行车有关的技术设备。

2）车次

车次是指以客车（包括代用客车）编组的，为运送旅客、行李、包裹、邮件的列车。我国铁路每天开行的列车数以百计，为了区别不同方向、不同种类、不同区段和不同时刻的列车，就需要为每一列车编排一个标识码，这就是车次。车次用阿拉伯数字表示，客车车次还要在阿拉伯数字前，加上列车种类汉语拼音的首字母。为了保证行车安全，维护运输秩序和车次编码的规范化，铁道部规定，全路向北京，支线向干线或指定方向的为上行方向，车次编为双数；反之为下行方向，车次编为单数。

按其运行距离远近和运行速度可分为以下种类:高速动车组列车(G字头)、城际动车组列车(C字头)、动车组列车(D字头)、直达特快旅客列车(Z字头)、特快旅客列车(T字头)、市郊列车(S字头)、进港直通列车(Q字头)、快速旅客列车(K字头)、跨局普通旅客快车(1001-2998)、管内普通旅客快车(4001-5998)、临时旅客列车(L字头)、临时旅游列车(Y字头)、普通旅客列车(6001-7598)、通勤列车(7601-8998),因故折返列车在车次前加"F"。

5.3.5 思考与练习

车次信息主要包括哪些内容?

项目6 机票预订

【项目简介】

本项目的工作任务是通过对机票预订的前后台功能进行实践和后台处理,实现移动端的航班查询和机票预订,后台服务端进行航班安排、座位安排和管理、订单处理。项目要求学生在特定的软件平台上添加航班、添加座位、管理座位数以及进行机场管理、订单管理和订单打印等。通过项目实践,让学生掌握机票预订的步骤、方法和实质。

【项目案例】

林伟作为某公司的销售主力,时常需要外出与客户沟通、了解客户需求,购买机票也成为他每次出远差时首先需要考虑的问题。他使用了奥派公司开发的机票预订APP,在客户端上预订机票。提前预订比到机场订票更加省时、省力,只需要在机票预订APP上预订成功,凭身份证直接到机场取登机牌即可。

林伟为了顺利完成机票预订中的支付环节,到中国银行开通了个人网上银行,这样林伟就可以进行机票支付了。

这个机票预订过程涉及消费者和管理员两种角色,需经过以下4个环节,如图6-1所示:

(1) 预订机票。
(2) 支付订单。
(3) 管理员打印机票并取票。
(4) 管理员维护基础数据。

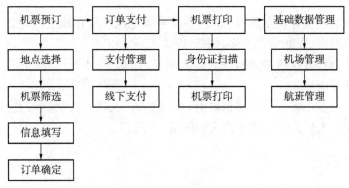

图6-1 机票预订四大环节

模块 6.1　机票预订

6.1.1　教学目标

【终极目标】了解机票预订的基本流程。

【促成目标】
（1）了解机票预订的流程。
（2）掌握机票预订的方法。

6.1.2　工作任务

【总体任务】根据项目中提供的案例情景，结合角色在指定的平台和 APP 上完成相关活动。进入 APP 应用后，能够根据手机定位信息，选择目的地和出发日期，完成机票预订。

【具体任务】
（1）了解机票预订的基本流程。
（2）能够根据提供的基础数据和平台掌握机票预订应用的使用。

6.1.3　能力训练

【活动】机票预订

活动目的：掌握机票预订 APP 的功能。

活动要求：利用机票预订的移动端查询并预订飞机票。

活动分工：学生 2～4 人一组。

活动器材：智能终端（手机/平板）、互联网。

活动内容：以用户的身份进行机票预订 APP 端功能的实践，每两个或一个人分别担任一个角色。

活动程序：

林伟打开手机上的奥派机票预订 APP，手机自动定位到所在地点，如图 6-2 所示。点击【目的地】选择到达城市，以北京市为例，如图 6-3 所示。

确定起飞日期，点击【航班搜索】，查看搜索结果，如图 6-4 所示，点击右上角的按钮进行条件筛选，如图 6-5 所示。

选择合适的航班点击进入订单详情界面，添加登机人、联系人、保险、支付方式等信息，如图 6-6 所示，以线下支付为例。订单列表如图 6-7 所示。

6.1.4　相关知识

1）机票预订的概念

机票预订是向广大用户提供各大航空公司机票预订服务和交易的方式。用户可以通过网站、电话、手机联系机票预订客服，预订各航空公司国内外机票。

项目 6 机票预订

图 6-2 城市选择

图 6-3 航班搜索

图 6-4 航班列表

图 6-5 设置筛选条件

图 6-6 订单详情

图 6-7 订单列表

2) 机票预订的特点

移动端的机票预订具有以下特点：

(1) 预订更方便：通过手机、Pda 等移动终端，只需在购票时通过各类应用 APP 即可订票，并支付所有费用，无须再到柜台进行付款、取票，十分方便。

(2) 价格更便宜：移动端的机票预订，全部采取手机，并借助无线技术实现，大大节省了票务预订的成本，其折扣的空间更大，相对来说价格也就更便宜。

3) 机票预订的运作模式

与车票预订的运作模式类似，移动端的机票预订的运作方式也可以从两个角度分析：

(1) 从服务商的角度出发，机票预订的盈利方式都是根据其应用上的每月或每个季度的订单量在合作网站上领取返还佣金。

(2) 在应用角度上,用户只需要选择航班,通过网络、电话等多种方式订票,然后到机场自行取票或不取票直接凭身份证件领取登机牌。

4) 新技术应用

(1) 使用硬件:消费机如图6-8所示。双面液晶显示,同时具备消费机、充值机、补贴机的用处。

(2) 应用:职工食堂售饭机、卖场消费、电梯、停车场、门禁、考勤等。在本章中使用其实现机场消费。

图6-8 消费机

6.1.5 思考与练习

如何进行移动机票预订?

模块6.2 线下支付

6.2.1 教学目标

【终极目标】 了解线下支付的几种方式和所采用的技术。

【促成目标】

(1) 了解手机钱包的支付原理。

(2) 了解手机钱包的使用范围。

6.2.2 工作任务

【总体任务】 根据项目中提供的案例情景,结合主人物的角色在指定的平台和APP上完成相关活动。完成机票预订后,根据订单信息,进行线下支付。

【具体任务】

(1) 了解线下支付的基本流程。

(2) 能够根据提供的基础数据和平台掌握线下支付的具体使用。

6.2.3 能力训练

【活动】线下支付

活动目的:掌握机票预订服务端的功能。

活动要求:利用机票预订的服务端查询已订机票并进行线下支付。

活动分工:学生2~4人一组。

活动器材:计算机、互联网。

活动内容:以管理员的身份进行机票预订服务端功能的实践,每两个或一个人分别担任一个角色。

活动程序:

林伟在移动端下单完成后,需在乘坐此航班前完成线下付款,此时负责此线下支付的管理员需要借助于机票预订的服务端完成林伟的线下支付操作。

打开服务端,点击【订单管理】,查看所有订单的明细,未付款且为线下支付的订单等到联系人进行线下支付后可进行车票打印,未付款且线上支付的为未成功订单,已付款且线上支付的订单可继续下一任务的步骤,如图6-9所示。

列表信息										
订单编号	航班	联系人	出发日期	出发机场	到达机场	订单总价	订单状态	订单日期	支付方式	操作
16040114150666804842	ZH1562	林伟	2016-04-01	南京禄口国际机场	北京首都国际机场	874.00	预订成功	2016-04-01	线上支付	查看
14121116441827504095	ZH1504	xzz	2014-12-11	南京禄口国际机场	北京首都国际机场	767.00	未付款	2014-12-11	线下支付	查看
14121110371866204363	ZH1504	xzz	2014-12-11	南京禄口国际机场	北京首都国际机场	767.00	预订成功	2014-12-11	线下支付	查看
14120310415733904834	MU2881	xzz	2014-12-03	南京禄口国际机场	上海浦东国际机场	580.00	预订成功	2014-12-03	线下支付	查看
14120310413535704403	MU2881	xzz	2014-12-03	南京禄口国际机场	上海浦东国际机场	580.00	预订成功	2014-12-03	线下支付	查看

图 6-9 订单管理

林伟的订单为线下支付订单,因此需要进行线下支付,点击【支付管理】,如图6-10所示。

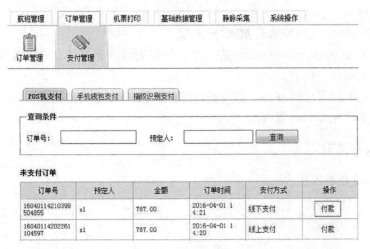

图 6-10 支付管理

点击【付款】,使用手机钱包进行付款操作,管理员在消费机的对应面输入指定金额,林伟将手机钱包触及消费机,完成之后点击【确认支付】,即可完成线下支付,如图 6-11 所示。

图 6-11　手机钱包支付

6.2.4　相关知识

1) 手机钱包的概念

"手机钱包"具备了信用卡和提款卡功能,出门购物,手机只需在终端机前晃一晃,就能签信用卡。需要现款时,只要把手机拿到提款机前,输入个人密码,就能提取现款。手机万一遗失了,用户只需报失,就能中断所有电子钱包服务。

手机钱包可以让用户在乘公交车、打的、看电影、购物时,只要拿出手机"刷"一下,就能完成支付。

2) NFC 技术

手机钱包中应用的主要技术是 NFC 技术。

Near Field Communication(NFC)是一种近距离无线通讯技术,它允许不同的器材之间进行通信,主要使用在手机上。

具备 NFC 功能的手机装有一个感应器,它把手机变成一个免触碰卡。两台手机在交换资料的时候,距离必须在 20 cm 以内。

6.2.5　思考与练习

手机钱包的优点有哪些?

模块 6.3　机票打印

6.3.1　教学目标

【终极目标】了解机票打印的基本操作。
【促成目标】
(1) 了解机票打印的操作流程。
(2) 掌握机票打印的操作。

6.3.2　工作任务

【总体任务】根据项目中提供的案例情景,结合主人物的角色在指定的平台和 APP 上完成相关活动。完成机票预订和线下支付后,主人物使用身份证信息完成已订机票的出票及打印。

【具体任务】
(1) 了解机票打印的流程。
(2) 掌握机票取票的原理。

6.3.3　能力训练

【活动】机票打印
活动目的:掌握机票预订服务端的功能。
活动要求:利用机票预订的服务端查询已定机票并进行出票。
活动分工:学生 2~4 人一组。
活动器材:计算机、互联网。
活动内容:以管理员的身份进行机票预订服务端功能的实践,每两个或一个人分别担任一个角色。
活动程序:

消费者林伟在使用手机钱包完成线下支付后,管理员进行扫描身份证并打印机票的操作,如图 6-12 所示,点击【机票打印】,管理员将身份证放置在"身份证扫描器"上,点击【扫描】,屏幕上出现身份证对应的订单,即林伟的订单,点击【打印】即可。

6.3.4　相关知识

1) 电子机票打印

电子机票只要不报销就不需要打印,凭订票时使用的有效证件可以直接到机场换取登机牌登机。外出办公,很多公司对发票都予以报销,但是必须要有凭据,否则也不会给轻易报销。如果要报销,只需在相应的航空公司网站上打出电子行程单即可。电子机票打印的只是报销凭证,对登机没有任何作用。电子机票是将旅客的航班信息等录入民航系统,旅客直接凭有效证件就可办理登机手续。如果不需要报销的话就没必要去打印行程单,如果需要报销的话可以向出票处索要或是在航空公司柜台打印。

图 6-12 身份证扫描

2) 电子机票行程单

行程单为一人一单,遗失不补。

航空运输电子客票行程单怎么打印?

(1) 在航空公司以及各机票售票处打印。未能在乘坐飞机后 7 日内领取行程单的旅客,可以在购票站补打行程单。

(2) 购票后至飞机起飞后的 30 天内打印行程单服务有效。欲在机场领取行程单的旅客,请务必在起飞后 30 天内领取。如果旅客在网站提交申请后,超过 30 天再去机场柜台打印领取,此时系统已经无法打印了。

(3) 飞机起飞后的 30 天以后申请打印行程单服务无效。超过 30 天系统就无法打印行程单,需要联系承运人(航空公司)或购票的销售商协商解决。

(4) 在指定的机场柜台领取行程单,一般航空公司都会在机场设置行程单领取柜台,如有疑问也可以咨询机场工作人员。

6.3.5 思考与练习

机票打印主要依据的信息是什么?

模块 6.4 基础数据管理

6.4.1 教学目标

【终极目标】了解机票数据管理的实质。

【促成目标】

(1) 了解机票数据管理的基本操作。

(2) 根据系统提供的基础数据,能对机票的相关数据进行添加、删除等管理。

6.4.2 工作任务

【总体任务】根据项目中提供的案例情景,结合主人物的角色在指定的平台和APP上完成相关活动。完成机票预订和打印后,主人物可以管理员身份登录系统后台,对机票的相关信息进行管理。

【具体任务】
(1) 了解机票数据管理的功能。
(2) 掌握机票数据管理的基本内容。

6.4.3 能力训练

【活动】基础数据管理

活动目的:掌握机票预订服务端的功能。

活动要求:利用机票预订的服务端管理机场信息和航班信息。

活动分工:学生2~4人一组。

活动器材:计算机、互联网。

活动内容:以管理员的身份进行机票预订服务端功能的实践,每两个或一个人分别担任一个角色。

活动程序:

管理员点击【基础数据管理】,进行机场和航空公司的管理,管理内容包括已有信息的修改和增添,新信息的添加等,如图6-13所示。

图6-13 基础信息管理

6.4.4 相关知识

机票查询

机票查询是针对航空公司的航班动态、机票价格等相关信息的实时查询。

随着计算机的普及,越来越多的旅客逐渐习惯了网上订机票的方式,一些专业的软件公司利用航空信息管理中心提供的数据,将之转换成中文的形式,使旅客很方便地在代理人提供的专业机票网站上进行航班时间和票价信息的查询以及机票的预定。

6.4.5 思考与练习

移动机票预订有哪些特点?

项目 7 电影票预订

【项目简介】

本项目的工作任务是通过对电影票预订的前后台功能进行实践和后台处理,实现移动端的影讯查询和电影票预订,后台服务端进行电影院、电影信息添加和管理、排期管理、订单处理。项目要求学生在特定的软件平台上添加影讯、添加排期、管理订单。通过项目实践,让学生掌握电影票预订的步骤、方法和实质。

【项目案例】

张玲同学实习后受到很大启发,深深感觉到移动商务的重要性和巨大的发展前景。为此,她在 2013 年着手组建团队自主创业,开发了生活娱乐网(类似于格瓦拉电影预订网和携程网)。经过近半年的研究和对系统的优化,2014 年 1 月 1 日,生活娱乐网(www.shyl.com)成功上线,同时对应的移动端 APP 也免费发布到应用市场。

网站成立后,张玲开始发布电影票的网上预订活动,发布不久就收到了商家和消费者的电话咨询,与生活娱乐网合作的电影院商家不断增多,注册用户的数量也不断增加。网站的电影票预订包括以下 3 个环节:

(1) 张玲管理影院信息。
(2) 消费者预订电影票。
(3) 消费者确认订单并取票,如图 7-1 所示。

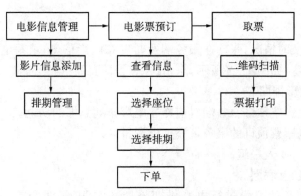

图 7-1 网上预订电影票三大环节

模块 7.1　电影信息管理

7.1.1　教学目标

【终极目标】了解电影信息管理的基本内容。

【促成目标】

(1) 了解电影信息管理的内容。

(2) 掌握电影信息管理的操作。

7.1.2　工作任务

【总体任务】根据项目中提供的案例情景,结合主人物的角色在指定的平台和 APP 上完成相关活动。以管理员身份进入系统后台,完成影讯信息添加、电影排期等任务。

【具体任务】

(1) 了解电影信息管理的基本流程。

(2) 能够根据提供的基础数据和平台,掌握电影信息管理的基本操作。

7.1.3　能力训练

【活动一】添加影讯

活动目的:掌握电影票预订服务端电影信息添加的功能。

活动要求:利用电影票预订的服务端添加电影信息。

活动分工:学生 2~4 人一组。

活动器材:计算机、互联网。

活动内容:以管理员的身份进行电影信息添加的实践,每两个或一个人分别担任一个角色。

活动程序:

根据电影市场的实时情况,张玲在服务端及时发布电影信息,填写电影名称、时长、主演、导演和电影介绍等内容,如图 7-2 所示,点击【保存】即可保存电影信息。

【活动二】添加电影排期

活动目的:掌握电影票预订服务端对应影厅电影排期添加的功能。

活动要求:利用电影票预订的服务端添加电影排期。

活动分工:学生 2~4 人一组。

活动器材:计算机、互联网。

活动内容:以管理员的身份进行电影排期添加的实践,每两个或一个人分别担任一个角色。

活动程序:

添加好影片信息后,添加电影排期,点击【电影排期管理】,点击【添加】,添加电影排期信息,如图 7-3 所示。

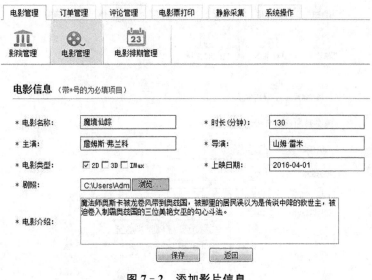

图 7－2　添加影片信息

列表信息

全选	影院名称	电影名称	排期	操作
☐	卢米埃绿地影城	叶问：终极一战	2016-04-02	编辑
☐	卢米埃绿地影城	叶问：终极一战	2016-04-01	编辑
☐	卢米埃绿地影城	叶问：终极一战	2016-04-03	编辑
☐	卢米埃绿地影城	厨子戏子痞子	2016-04-02	编辑
☐	卢米埃绿地影城	厨子戏子痞子	2016-04-01	编辑
☐	卢米埃绿地影城	厨子戏子痞子	2016-04-03	编辑
☐	卢米埃绿地影城	厨子戏子痞子	2016-04-02	编辑
☐	卢米埃绿地影城	厨子戏子痞子	2016-04-03	编辑
☐	卢米埃绿地影城	厨子戏子痞子	2016-04-01	编辑
☐	荆州新华天河国际影城	魔境仙踪	2016-04-01	编辑

1 / 3 | 第一页 上一页 下一页 最后页 | 共 3 页 | 共 21 条记录

添加　删除

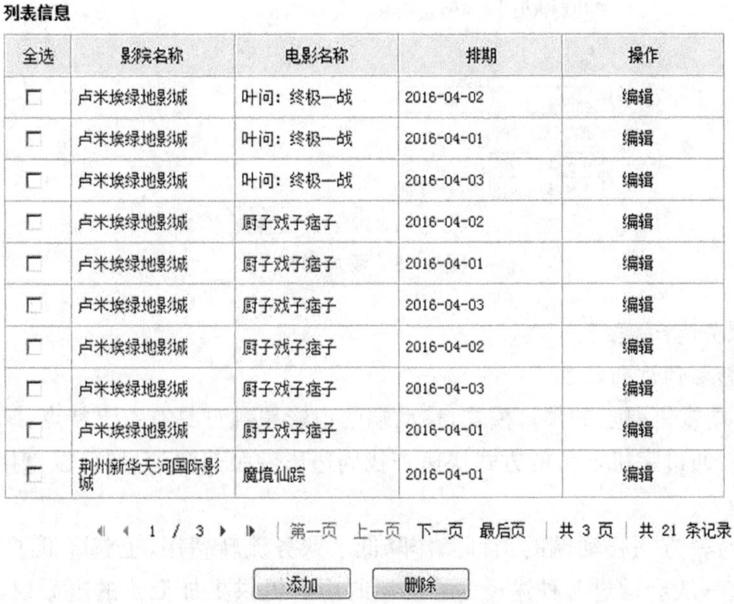

图 7－3　添加或删除电影排期

影院和电影采用选择的方式，点击右边的【请选择影院】、【请选择电影】分别选择，以及日期排期、影片类型，注意排期时长不超过 10 天，如图 7－4 所示。

根据向相关影院了解排期情况对影片排期进行设置，点击【电影排期】、【添加排期】设置排期，如图7－5 所示。

7.1.4　相关知识

1）移动电影票预订的概念

移动电影票预订是指利用移动终端，借助移动无线技术，通过移动 APP 完成电影票预订

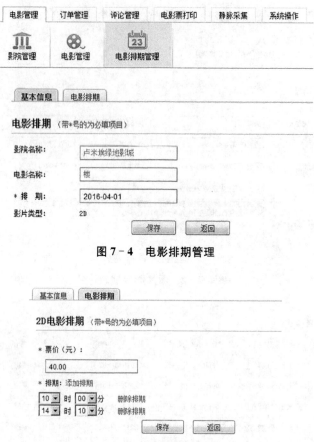

图 7-4 电影排期管理

图 7-5 添加排期

的一种新型的票务购买模式。

2) 移动电影票预订的特点

相较于 PC 端或售票点的预订模式,移动端的电影票预订具有以下特点:

(1) 更方便:通过手机定位的方式快速查找周边影院及热映信息,可以直接在手机上支付购买,方便用户。

(2) 更低价:一方面移动端的预订操作降低了票务流转费用,也就降低了电影票的票价;另一方面电影院一般会通过各种途径为移动端的用户提供更加低价的电影票,以吸引更多的用户购买。因此,移动端购买的电影票一般都比从售票点或 PC 端购买的价格要更低一些。

3) 电影票预订的运作模式

移动端的电影票预订的运作模式如图 7-6 所示。

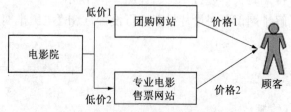

图 7-6 电影票预订的运作模式

团购网站提供给顾客的价格 1 相对于专业售票网站提供给顾客的价格 2 会更便宜一些，但是在团购网站上购买的电影票仍需要到电影院排队兑换实体电影票。

专业售票网站是一体式的购票，从完成选择影片、影院、影厅、场次、座位，到订单支付的全过程，无须到影票排队兑票和购票。专业售票网站主要是以相对优惠的价格从影院购得电影票，再通过网络平台卖给观众，通过票价差赚取利润。

7.1.5 思考与练习

移动电影票预订的概念是什么？

模块 7.2　电影票预订

7.2.1 教学目标

【终极目标】了解电影票预订的基本流程。

【促成目标】
(1) 了解电影票预订的流程。
(2) 掌握电影票预订的方法。

7.2.2 工作任务

【总体任务】根据项目中提供的案例情景，结合主人物的角色在指定的平台和 APP 上完成相关活动。以消费者身份进入 APP 应用后，能够进行订票、选排期、选座等功能的操作。

【具体任务】
(1) 了解电影票预订的基本流程。
(2) 能够根据提供的基础数据和平台，掌握电影票预订应用的使用。

7.2.3 能力训练

【活动】预订电影票

活动目的：掌握电影票预订 APP 的订票、选排期、选座等功能。

活动要求：利用电影票预订的移动端 APP 进行电影票的预订。

活动分工：学生 2～4 人一组。

活动器材：智能终端、互联网。

活动内容：以消费者的身份进行电影票预订，每两个或一个人分别担任一个角色。

活动程序：

服务端数据添加完成后，用户在前端就可以了解到最新的影片信息，如图 7-7 所示。

点击【附近影院】，借助手机的 LBS 技术定位到所在地

图 7-7　最新影片信息

点(南京),选择影院,例如点击"卢米埃绿地影城",如图7-8所示。

进行购票,点击【购票】,选择排期,包括日期、排期,如图7-9所示;再进行位置的选择,如图7-10所示。

图7-8 附近影院列表

图7-9 排期选择

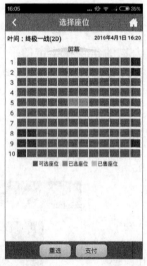

图7-10 座位选择

图7-11 确认订单

点击【支付】,选择支付方式,这里我们以线上支付为例,如图7-11所示。点击【确认购买】即可。

7.2.4 相关知识

网上电影票取票及观影流程

网上购买电影票及取票、观影流程如下:

(1) 选择影片和影院。

(2) 选择场次后进行选座。

(3) 选择座位,并提交订单。
(4) 填写接收电子票手机号码,并确认订单信息无误。
(5) 选择支付方式并成功付款。
(6) 之后手机会收到电子票短信,短信中包含序号和验票码。
(7) 用户到影院自助出票机上使用序号和验票码打印出纸质电影票,凭票在开场前入场观影。

7.2.5 思考与练习

移动电影票预订的特点有哪些?

模块 7.3 取 票

7.3.1 教学目标

【终极目标】了解电影票取票的方法。
【促成目标】
(1) 了解电影票取票的原理。
(2) 掌握电影票订单管理及取票的基本操作。

7.3.2 工作任务

【总体任务】根据项目中提供的案例情景,结合主人物的角色在指定的平台和 APP 上完成相关活动。以管理员身份进入系统后台,完成订单管理及电影票的打印等任务。
【具体任务】
(1) 了解电影票取票的基本流程。
(2) 能够根据提供的基础数据和平台,掌握电影票订单管理及打印的基本操作。

7.3.3 能力训练

【活动】取票
活动目的:掌握电影票预订服务端订单管理和电影票打印的功能。
活动要求:利用电影票预订的服务端查找订单并打印电影票。
活动分工:学生 2~4 人一组。
活动器材:计算机、智能终端、互联网。
活动内容:以管理员的身份进行订单的管理和电影票的打印实践,每两个或一个人分别担任一个角色。
活动程序:
线上支付完成后,系统会自动发送一个带有订单信息的二维码到指定手机,如图 7-12 所示。
用户只需凭借该二维码即可进行取票操作,APP 管理员登录到电影票预订的服务端,进入电影票打印界面,如图 7-13 所示,用户将二维码放置在扫描器上端,扫描出结果,确认后可进行电影票打印。

 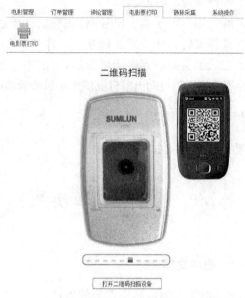

图 7-12　电影票二维码　　　　　　图 7-13　二维码扫描

7.3.4　相关知识

网购电影票的取票步骤

在网上购票分为以下几个步骤：

第一步：登录你喜欢的网上订票网站，可全面了解影院地址、电话、影院介绍等信息，当然还可获得全方位电影资讯，如影片介绍、海报剧照、精彩看点、电影片花等。如想获得更多服务一般需要注册成为会员。

第二步：查看影院全部场次、全部座位。购票网站中，影片放映场次及座位的信息与影院实时同步，用户可随时了解影院电影排期，合理安排观影时间。

第三步：选择影片、影院、场次、座位，并在线支付，手机接收"取票码"短信。

第四步：持"取票码"短信至影院现场，即可轻松取票。

7.3.5　思考与练习

移动电影票预订的主要盈利途径有哪些？

项目 8　移动旅游

【项目简介】

本项目的工作任务是通过对旅游景点进行门票预订的前后台功能进行实践和后台处理,实现移动端的景点查询和门票预订,后台服务端进行景点管理、支付安排和管理、订单处理。项目要求学生在特定的软件平台上添加旅游景点信息、进行订单管理和订单打印等。通过项目实践,让学生掌握旅游景点门票预订的步骤、方法和实质。

【项目案例】

随着生活娱乐网的电影院商家入驻数量越来越多,网站的注册用户数量也变得越来越庞大。张玲计划将旅游加入到网站主服务中,向用户提供包括周边景点的信息、门票预订、景点路径导航等服务。这项服务对于手机的要求更高,必须支持 LBS 定位技术才能方便用户在打开生活娱乐网的应用时能够准确定位到所在位置,并获取周边景点信息。

在这个"旅游景点"应用运营过程中,需要经过以下 4 个环节:
(1) 消费者预订门票。
(2) 消费者支付门票费用。
(3) 管理员景点管理。
(4) 管理员订单管理,如图 8-1 所示。

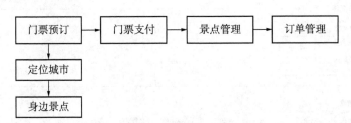

图 8-1　景点门票预订四大环节

模块 8.1　景点管理

8.1.1　教学目标

【终极目标】了解后台如何进行景点管理。
【促成目标】
(1) 了解景点管理的基本流程。

(2) 掌握景点管理的操作方法。

8.1.2 工作任务

【总体任务】 根据项目中提供的案例情景,结合主人物的角色在指定的平台和 APP 上完成相关活动。以管理员身份登录系统后台,完成旅游景点的服务端信息添加及删除等任务。

【具体任务】
(1) 了解景点管理的基本流程。
(2) 能够根据提供的基础数据和平台,掌握景点管理的基本操作。

8.1.3 能力训练

【活动】 景点管理

活动目的:掌握旅游景点后台的功能。

活动要求:利用旅游景点的服务端添加或删除各景点信息。

活动分工:学生 2~4 人一组。

活动器材:计算机、互联网。

活动内容:以管理员的身份进行旅游景点服务端功能的实践,每两个或一个人分别担任一个角色。

活动程序:

景点管理的功能主要是对原有旅游景点信息的更新和修改、删除,以及对新增景点数据的添加,如图 8-2 所示。

图 8-2 景点管理

8.1.4 相关知识

1) 旅游景区管理

旅游景区管理,指景区的管理者通过合理地组织人力、物力、财力,高效率地实现预定管理目标的过程。

2) 旅游景区产品

旅游景区产品是一种服务产品。因此,它具有服务性产品的一般特性,即无形性、不可贮存性、不可转移性、生产与消费同时性。旅游景区产品的特殊性决定了游客购买旅游产品的过程不同于其他商品,反之,购买过程的不同也使得旅游景区营销区别于其他产品营销而具有特殊性。

8.1.5 思考与练习

LBS 在门票预订中的主要功能有哪些?

模块 8.2 门票预订

8.2.1 教学目标

【终极目标】学会门票预订的方法。

【促成目标】
(1) 了解门票预订的基本流程。
(2) 掌握门票预订的操作方法。

8.2.2 工作任务

【总体任务】根据项目中提供的案例情景,结合主人物的角色在指定的平台和 APP 上完成相关活动。以用户身份登录进入 APP 应用后,利用 LBS 功能,完成城市定位和身边景点等任务。

【具体任务】
(1) 了解门票预订的基本流程。
(2) 能够根据提供的基础数据和平台,掌握门票预订应用的使用。

8.2.3 能力训练

【活动一】定位城市

活动目的:掌握旅游景点 APP 中的利用 LBS 的功能。

活动要求:利用旅游景点的移动端查询并预订门票。

活动分工:学生 2~4 人一组。

活动器材:智能终端(手机/平板)、互联网。

活动内容:以用户的身份进行旅游景点 APP 端功能的实践,每两个或一个人分别担任一个角色。

活动程序:

用户打开"旅游景点",根据手机自动定位功能定位到所在位置即南京市,如图 8-3 所示。

点击右上角按钮可以手动选择地点,如图8-4所示。

图8-3 旅游景点主页面

图8-4 手动选择城市

【活动二】身边景点

活动目的:掌握旅游景点APP中景点预订的功能。

活动要求:利用旅游景点的移动端查询并预订门票。

活动分工:学生2~4人一组。

活动器材:智能终端(手机/平板)、互联网。

活动内容:以用户的身份进行旅游景点APP端功能的实践,每两个或一个人分别担任一个角色。

活动程序:

这里以自动定位的城市为例进行下一步操作,点击【身边景点】,如图8-5所示,可以查看景点列表,默认按照"距离"远近进行排序,也可点击下方的"质量等级""价格"进行排序。点击具体景点可查看景点详情并进行门票预订,如图8-6所示。

图8-5 景点列表

图8-6 景点详情

8.2.4 相关知识

1) 旅游电子商务的概念

旅游电子商务,是指利用先进的计算机网络及通信技术和电子商务的基础环境,整合旅游企业的内部和外部的资源,扩大旅游信息的传播和推广,实现旅游产品的在线发布和销售,为旅游者与旅游企业提供一个知识共享、增进交流的交互平台的网络化运营模式。

2) 旅游电子商务的特点

相较于传统的旅游形式,旅游电子商务具有以下 6 个特点:① 聚合性;② 有形性(网络多媒体为旅游产品提供身临其境的展示机会,使无形的旅游产品慢慢变得有形起来);③ 服务性;④ 便捷性;⑤ 优惠性;⑥ 个性化。

3) LBS

LBS,基于位置的服务,是指通过电信移动运营商的无线电通讯网络或外部定位方式,获取移动终端用户的位置信息,在 GIS 平台的支持下,为用户提供相应服务的一种增值业务。

它包括两层含义:首先是确定移动设备或用户所在的地理位置;其次是提供与位置相关的各类信息服务。意指与定位相关的各类服务系统。如找到手机用户的当前地理位置,然后在一定范围内寻找手机用户当前位置周围如 1 公里范围内的宾馆、影院、图书馆、加油站等的名称和地址。所以说 LBS 就是要借助互联网或无线网络,在固定用户或移动用户之间,完成定位和服务两大功能。

4) 彩码

彩码是在传统二维码基础之上,加上黑、蓝、绿、红 4 色矩阵构成不同规格的彩色三维图像矩阵码,具有较高的容错能力。

(1) 使用技术:使用摄像头拍摄,联网获取有用信息。

(2) 应用:互动营销、物流管理、地区导航、票务应用、个人名片。

(3) 使用硬件:二维码读取器。在本章中使用该硬件实现信息获取。

8.2.5 思考与练习

景点的门票预订主要能提供哪些服务?

模块 8.3 门票支付

8.3.1 教学目标

【终极目标】学会门票支付的基本操作。

【促成目标】

(1) 了解门票支付的基本流程。

(2) 掌握门票支付的操作方法。

8.3.2 工作任务

【总体任务】根据项目中提供的案例情景,结合主人物的角色在指定的平台和 APP 上完成相关活动。以用户身份登录进入 APP 应用后,完成移动端的门票查询及支付任务。

【具体任务】
(1) 了解门票支付的基本流程。
(2) 能够根据提供的基础数据和平台,掌握门票支付的使用。

8.3.3 能力训练

【活动】门票支付

活动目的:掌握旅游景点 APP 中的实践功能。
活动要求:利用旅游景点的移动端查询并支付门票。
活动分工:学生 2~4 人一组。
活动器材:智能终端(手机/平板)、互联网。
活动内容:以用户的身份进行旅游景点 APP 端功能的实践,每两个或一个人分别担任一个角色。
活动程序:

点击【立即预订】,添加个人信息完成预订过程,如图 8-7 所示。线上支付完成后,查看消息列表,可以查看旅游景点彩码,用于换票,如图 8-8 所示。

图 8-7 门票预订

图 8-8 旅游景点彩码

8.3.4 相关知识

在旅游过程中,彩码技术结合 LBS 应用,使得电子票务、位置导游服务、信息服务获取等过程都可以轻松地完成。当通过 LBS 选择到合适的旅游景点时,就可以通过手机订票进行门票预订,支付完成后即可收到系统自动发送的彩码。通过彩码,不仅可以完成支付的验证,同时可以进行身份的确认,直接通过手机就可在检票口完成检票过程,整个流程便捷快速,大大节省了游客实际游玩的时间,如图8-9所示。

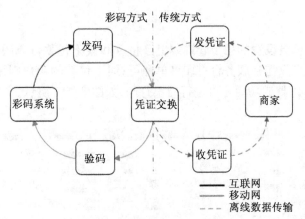

图8-9 移动旅游的商业模式

8.3.5 思考与练习

移动旅游中应用的新技术主要有哪些?

模块8.4 订单管理

8.4.1 教学目标

【终极目标】学会景点订单管理与门票打印的方法。
【促成目标】
(1) 了解景点订单管理的基本流程。
(2) 掌握景点订单管理的操作方法。

8.4.2 工作任务

【总体任务】根据项目中提供的案例情景,结合主人物的角色在指定的平台和APP上完成相关活动。以管理员身份登录系统后台,完成旅游订单信息的管理及门票打印等任务。
【具体任务】
(1) 了解景点订单管理的基本流程。
(2) 能够根据提供的基础数据和平台,掌握景点订单管理的基本操作。

8.4.3 能力训练

【活动】订单管理
活动目的:掌握旅游景点后台的功能。
活动要求:利用旅游景点的服务端管理订单信息并打印门票。
活动分工:学生2~4人一组。

活动器材:计算机、互联网。

活动内容:以管理员的身份进行旅游景点服务端功能的实践,每两个或一个人分别担任一个角色。

活动程序:

订单管理是为管理员设置的用于管理线上已付款和线下付款订单的系统,如图 8－10 所示。线上已付款的用户只需到服务台打印订单即可;线下付款的用户则需要先到服务台进行手机钱包/POS 付款,付款成功后才可进行门票打印,如图 8－11 所示。

列表信息

订单编号	景点名称	游玩日期	票数	订单总价(元)	预订人姓名	预订人联系电话	订票时间	操作
16040116123499007812	阅江楼	2016-04-01	1	40.00	吕新华	15708523641	2016/4/1 16:12:34	查看
16040116115937007798	莫愁湖	2016-04-01	1	27.00	吴秀	13704123658	2016/4/1 16:11:59	查看
16040116112892807261	南京总统府	2016-04-01	2	80.00	刘汉	13708639251	2016/4/1 16:11:28	查看
16040116110524707707	阅江楼	2016-04-01	2	80.00	李晨	13907412589	2016/4/1 16:11:05	查看
16040116102417807087	莫愁湖	2016-04-01	2	54.00	张勇	13807456321	2016/4/1 16:10:24	查看
16040116095747007152	南京大屠杀纪念馆	2016-04-01	1	0.00	王立	13707894563	2016/4/1 16:09:57	查看
16040116092661307674	玄武湖	2016-04-01	1	0.00	丁香	13808521472	2016/4/1 16:09:26	查看
16040116085173007957	南京总统府	2016-04-01	1	40.00	郝蕾	15807452589	2016/4/1 16:08:51	查看
16040116083212307196	玄武湖	2016-04-01	1	0.00	王军	13504725869	2016/4/1 16:08:32	查看
16040116075919107686	阅江楼	2016-04-01	1	40.00	林伟	13911111111	2016/4/1 16:07:59	查看

图 8－10　订单交易情况查询

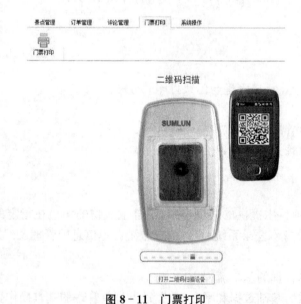

图 8－11　门票打印

8.4.4　相关知识

订单管理

订单管理是一个常见的管理问题,包含在公司的客户订单处理流程中。由于客户下订单的方式多种多样,订单执行路径千变万化,产品和服务不断变化,发票开具难以协调,这些情况使得订单管理变得十分复杂。订单管理可被用来发掘潜在的客户和现有客户的潜在商业机会。订单取决于需求,订单管理就是处理订单。

8.4.5 思考与练习

景点门票打印主要采用的硬件设备有哪些?

项目 9　酒店预订

【项目简介】

本项目的工作任务是通过酒店预订模块进行酒店预订前后台功能的实践和后台处理,实现移动端的酒店查询和酒店预订,后台服务端的酒店管理、支付安排和管理、订单处理。项目要求学生在特定的软件平台上添加酒店信息、房型信息,进行订单管理等。通过项目实践,让学生掌握酒店预订的步骤、方法和实质。

【项目案例】

张玲发现旅游景点附近的酒店和景点有一种互补的关系,尤其是远途旅行。张玲在大家的投票表决下决定新增酒店预订服务,与旅游景点附近的酒店达成协议关系,只要交易成功,网站即可以收取佣金的形式从中获取利益。

在这个"酒店预订"应用运营过程中,涉及注册用户和管理员两个角色,且需要完成以下 4 个环节,如图 9-1 所示:

(1) 注册用户预订酒店。
(2) 管理员进行酒店管理。
(3) 管理员进行订单管理。
(4) 管理员进行评论管理。

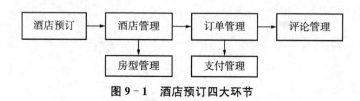

图 9-1　酒店预订四大环节

模块 9.1　酒店预订

9.1.1　教学目标

【终极目标】掌握预订酒店的方法。

【促成目标】
(1) 了解酒店预订的基本流程。
(2) 掌握酒店预订的操作方法。

9.1.2 工作任务

【总体任务】根据项目中提供的案例情景,结合主人物的角色在指定的平台和 APP 上完成相关活动。以用户的身份登录进入 APP 应用后,完成酒店预订的操作。

【具体任务】
(1) 了解酒店预订的基本流程。
(2) 能够根据提供的基础数据和平台,掌握酒店预订应用的使用。

9.1.3 能力训练

【活动】酒店预订

活动目的:掌握酒店预订 APP 的功能。
活动要求:利用酒店预订的移动端查询并预订酒店。
活动分工:学生 2~4 人一组。
活动器材:智能终端(手机/平板)、互联网。
活动内容:以用户的身份进行酒店预订 APP 客户端功能的实践,每两个或一个人分别担任一个角色。
活动程序:

注册用户包含从"旅游景点"客户端引入的一部分用户和一部分新用户,"酒店预订"客户端中直接提供了筛选条件以了解用户需求,如图 9-2 所示。点击【查询】,筛选结果如图 9-3 所示。

图 9-2 酒店预订筛选条件

图 9-3 筛选结果

点击酒店信息进入详情界面,如图 9-4 所示,根据房型选择合适的客房,点击对应的【预订】,填写预订信息,并点击【提交订单】即可完成酒店预订,如图 9-5 所示。

9.1.4 相关知识

1) 酒店预订的概念

移动互联网时代的酒店预订,是指用户可以通过互联网、电话、手机 Wap、智能手机客户端(APP)等多种方式获得酒店预订服务,并通过酒店预订服务查询、预订满意的酒店类型。而酒店所在商业街区、周围建筑物、品牌、星级、价位、地址、房型、床型、房内配置、酒店公用设施、

图 9-4 酒店详情

图 9-5 酒店预订

停车场、宽带、早餐、开业时间、最近装修时间和用户评价等各类酒店相关信息都可以通过移动接收设备传送给用户,用户可根据需要选择预订。

目前,已有多家服务商和酒店推出无线酒店预订服务,如携程(如图 9-6 所示)、艺龙(如图 9-7 所示)等均发布了手机端 APP,支持手机端的酒店预订。

图 9-6 携程手机端

图 9-7 艺龙手机端

2) 酒店预订的特点

有调查显示2013年,平均使用移动设备预订酒店的人数却已达到了31%。这一事实证明:智能手机和平板电脑潜移默化地改变了酒店的预订形式,成为个人旅行助理和日常生活的一部分。事实上,相较于PC端的酒店预订,移动端的酒店预订具有更多的特点,吸引着广大的用户。

(1) 更方便:移动预订为客户减少很多麻烦,且使用更加快速,只需简单地搜索和选择确认就可以成功预订。

(2) 更多的服务:移动端的便利性,也使得用户可以享受更多额外的服务,如及时提醒、就近推荐等。

3) 酒店预订的运作模式

移动端的酒店预订目前主要依托于手机端APP。第三方APP应用将酒店商家的信息加入其中,用户通过APP访问查找合适的酒店,并通过移动支付完成预订。目前手机端的酒店预订支持支付宝付款、POS机支付及手机钱包支付。

4) 新技术应用

使用硬件:POS机,如图9-8所示。

POS(Point Of Sales)的中文意思是"销售点",全称为销售点情报管理系统,也称为POS终端,是一种配有条码或光字符码的终端阅读器,有现金或易货额度出纳功能。在本章使用其实现电子资金自动转账。

图9-8 POS机

9.1.5 思考与练习

目前提供移动端酒店预订服务的企业有哪些?

模块9.2 酒店管理

9.2.1 教学目标

【终极目标】了解酒店预订APP中酒店基础信息与房型的管理。

【促成目标】

(1) 了解酒店管理的操作流程。

(2) 掌握酒店管理的基本功能。

9.2.2 工作任务

【总体任务】根据项目中提供的案例情景,结合主人物的角色在指定的平台和APP上完成相关活动。完成酒店预订后,以管理员身份登录系统后台,进行服务端的酒店信息和房型管理。

【具体任务】
(1) 了解服务端酒店信息的管理。
(2) 掌握服务端房型信息的管理。

9.2.3 能力训练

【活动一】酒店管理

活动目的:掌握酒店预订服务端的酒店信息和房型管理。

活动要求:利用酒店预订的服务端添加基础信息。

活动分工:学生 2~4 人一组。

活动器材:计算机、互联网。

活动内容:以管理员的身份进行酒店数据管理功能的实践,每两个或一个人分别担任一个角色。

活动程序:

酒店管理服务端的主要功能是进行酒店数据的管理,包括酒店信息和房型管理,如图 9 - 9 所示。

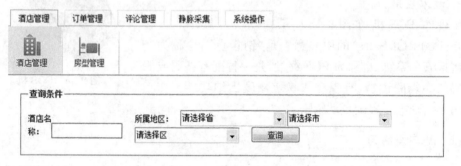

图 9 - 9 酒店管理

【活动二】房型管理

活动目的:掌握酒店预订服务端的酒店信息和房型管理。

活动要求:利用酒店预订的服务端添加基础信息。

活动分工:学生2~4人一组。

活动器材:计算机、互联网。

活动内容:以管理员的身份进行酒店数据管理功能的实践,每两个或一个人分别担任一个角色。

活动程序:

点击【添加】可添加房型管理,房型包括大床房、行政套房、豪华房、家庭房、特惠房等,如图9-10所示。

图9-10 添加房型

9.2.4 相关知识

1) 酒店管理专业教学目标

酒店管理专业要求学生掌握经济管理基础理论,酒店、餐饮与旅游基础知识,具备酒店基本管理与服务能力。学生毕业后主要去各饭店、酒店、宾馆从事酒店基层管理及餐饮、客房服务工作。

酒店管理专业注重学生综合素质的培养,主要学习经济管理基础知识、酒店基本理论。本专业突出技能培训,学生在学习期间将接受酒店、宾馆的餐饮、客房顶岗实习实训等多方面的技能训练。

2) 酒店管理的层次

酒店的管理层次一般都呈金字塔形,从塔底到塔顶,由宽到窄,越往上层,管理的难度越大,幅度越小。国内比较常见的酒店管理是直线职能制管理,在该管理体制中,任何一级领导、管理人员、服务员都要明确自己的业务范围和工作职责,并具备应该具有的工作技能和知识。

9.2.5 思考与练习

酒店预订有哪些特点?

模块 9.3　订单管理

9.3.1 教学目标

【终极目标】了解酒店订单管理的基本操作。
【促成目标】
(1) 了解酒店订单管理操作流程。
(2) 掌握酒店订单管理的基本操作方法。

9.3.2 工作任务

【总体任务】根据项目中提供的案例情景,结合主人物的角色在指定的平台和APP上完成相关活动。完成车票预订后,以管理员身份登录系统后台,进行酒店订单管理的实践任务。
【具体任务】
(1) 了解酒店订单管理的流程。
(2) 掌握酒店订单管理的操作方法。

9.3.3 能力训练

【活动一】订单管理
活动目的:掌握酒店预订服务端的订单管理功能。
活动要求:利用酒店预订的服务端管理订单信息。
活动分工:学生2~4人一组。
活动器材:计算机、互联网。
活动内容:以管理员的身份进行酒店订单管理功能的实践,每两个或一个人分别担任一个角色。
活动程序:
管理员使用此功能进行酒店预订订单管理,包括确认订单和取消订单,点击【详情】可查看订单详细信息,如图9-11所示。在订单详情界面,可以进行取消订单的操作,如图9-12所示。

列表信息

订单号	酒店名称	所属地区	房型	订购人	订单状态	总价(元)	详情
16040115391689705134	上海星程圣贤居酒店	上海市	高级大床房	s1	已确认	308.00	详情
14120310200714305412	上海星程圣贤居酒店	上海市	标准大床房	1	已确认	248.00	详情

图9-11　订单信息

项目 9　酒店预订

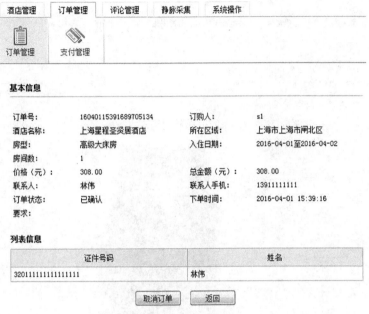

图 9-12　取消订单界面

【活动二】支付管理

活动目的：掌握酒店预订服务端的订单管理功能。

活动要求：利用酒店预订的服务端管理订单信息。

活动分工：学生 2~4 人一组。

活动器材：计算机、互联网。

活动内容：以管理员的身份进行酒店订单管理功能的实践，每两个或一个人分别担任一个角色。

活动程序：

酒店预订的流程不同于购物等其他流程，酒店预订是在移动端进行提前预订，而付款流程是在线下——酒店柜台前完成的，管理员需要借助服务端管理用户订单和线下支付的信息，如图 9-13 所示。点击对应用户订单后方的【付款】，进行 POS 机/手机钱包支付，如图 9-14 所示。

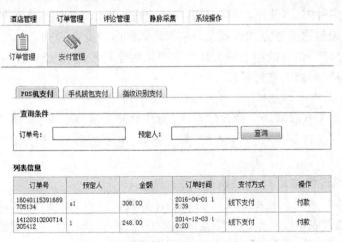

图 9-13　支付管理

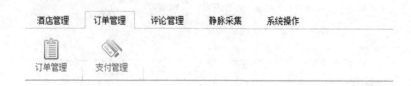

图 9-14 POS 机支付

9.3.4 相关知识

1）手机钱包支付

手机钱包支付业务是综合了支付类业务的各种功能的一项全新服务，它以银行卡账户为资金支持，手机为交易工具，就是将用户在银行的账户和用户的手机号码绑定，通过手机短信息、IVR、WAP 等多种方式，使用户可以对绑定账户进行操作，实现购物消费、代缴费、转账、账户余额查询，以及通过短信等方式得到交易结果通知和账户变化通知。

"手机钱包"是将手机与信用卡两大高科技产品融合起来，演变成一种最新的支付工具，为用户提供安全、便捷、时尚的支付手段。

2）POS 支付

网络 POS 是基于互联网的一种收付系统，为各类商户提供安全、快捷、方便的收银服务。同时网络 POS 还具备订单管理、订单查询、网上商店、电子商务、往来款转账等强大的收银企业管理功能。

POS 支付即通过移动 POS 直接刷卡收款。

POS 系统基本原理是先将商品资料创建于计算机文件内，透过计算机收银机联机架构，将商品上的条码透过收银设备上的光学读取设备直接读入（或由键盘直接输入商品代码）后，即时显示商品信息（单价、部门、折扣等），加速收银速度与正确性。

9.3.5 思考与练习

酒店预订的主要载体是什么?

模块 9.4　评论管理

9.4.1　教学目标

【终极目标】学会对酒店评论进行管理。
【促成目标】
(1) 了解酒店评论管理的基本内容。
(2) 根据系统提供的基础数据,掌握酒店评论管理的基本操作。

9.4.2　工作任务

【总体任务】根据项目中提供的案例情景,结合角色在指定的平台和APP上完成相关活动。完成酒店预订和订单管理后,以管理员的身份登录系统后台,进行评论管理。
【具体任务】
(1) 了解评论管理的内容。
(2) 掌握评论管理的基本操作。

9.4.3　能力训练

【活动】评论管理
活动目的:掌握酒店预订服务端的评论管理功能。
活动要求:利用酒店预订的服务端管理评论列表。
活动分工:学生 2~4 人一组。
活动器材:计算机、互联网。
活动内容:以管理员的身份进行酒店评论管理功能的实践,每两个或一个人分别担任一个角色。
活动程序:
用户在客户端对已购项目进行评论后,管理员在服务端后台能够查看到评论详情,如图 9-15 所示。

9.4.4　相关知识

1) 酒店分销渠道

一般来说,酒店网络营销的分销渠道有很多,首先是酒店自建网站,花费几千元、上万元不等,通过搜索引擎等推广手段让客人知晓。所以,酒店要根据自身实力和需求来建立自己的网络营销预订系统。而现在随着网络营销的普及化,酒店官网,尤其是连锁酒店官网产生的预订量也越来越高。

其次,和知名的网络营销平台合作,比如订房联盟,通过成为其会员来扩大宣传和知名度。

列表信息		
酒店名称	所属地区	操作
上海万豪虹桥大酒店	上海市长宁区	查看评论
上海星程圣浜居酒店	上海市闸北区	查看评论
上海海商欧风酒店	上海市闸北区	查看评论
上海波特曼丽思卡尔顿酒店	上海市静安区	查看评论
上海星之悦浦东机场晨阳店	上海市浦东新区	查看评论
上海金茂君悦大酒店	上海市浦东新区	查看评论
7天连锁酒店（上海闵行都市路店）	上海市闵行区	查看评论
上海古井假日酒店	上海市普陀区	查看评论
汉庭酒店（上海虹桥枢纽七宝二店）	上海市闵行区	查看评论
上海九龙宾馆	上海市虹口区	查看评论

图 9-15 查看评价详情

在这些平台上注册了信息，就会有很多的会员去浏览。网站可以使潜在的客人清楚地了解会员酒店的设施、房价、地理位置、交通地标，非常方便地为他们选择酒店提供指引。

再次，和一系列的生活资讯搜索平台，如酷讯、口牌、火车时刻等合作，通过会员点评，吸引客人注意，为客人提供人性化的服务信息，并且很多营销功能都是免费的。

然后，在一系列的论坛和社区发文合作，比如天涯社区、地方论坛等，吸引广大散客的注意，这也为酒店的营销提供了便利。

最后，随着移动互联网的普及的，通过 WAP 以及 APP 产生的预订量也将越来越惊人，通过手机定位查找附近酒店的功能深得人心，使得住客查找酒店越来越快捷，方式越来越多样。

可见，通过 IT 技术的整合，使得酒店营销管理系统化，有效降低了成本，提高了管理效率，同时也节约了人力。其次，网络营销系统 7×24 小时不间断运作，客户可以通过网络及时直观地了解酒店详情，极为便利，酒店服务做到了人性化。另外，酒店通过网络营销一方面树立了形象，另一方面也延伸了对客人的服务，增加了酒店服务的附加值。

2) 结算方式

订房公司(OTA)与酒店是有合作协议的。酒店给予优惠入住价和差价佣金。订房公司把各酒店的详细信息加入预订系统，开放给客人查询预订。

订房公司接到客人需求，为客人完成订房流程。酒店凭客人的成功入住信息，定期结算佣金给订房公司。

这是社会信息化分工细化的产物，是三赢的局面：首先客人通过预订，不至于直接到酒店以散客价(贵于优惠入住价)入住，直接受惠；其次酒店可以减少空置率获得额外客源；最后订房公司也可获得服务报酬。

9.4.5 思考与练习

酒店预订主要采用的硬件设备包括哪些？

第二篇

移动营销

项目10　微活动

【项目简介】

本项目的工作要求是通过智能手机实战操作微信营销中的微活动功能,实现对微活动公众号后台设置和前台功能展示的全真模拟实践。项目要求学生在特定的微信平台后台和手机微信客户端上实现优惠券、刮刮卡等微活动的设置及实施。通过项目实践,让学生掌握微信营销中微活动功能的使用和后台操作,以及相关的新技术应用和软硬件结合。

【项目案例】

"以前参加商家的优惠活动,必须到商家,来回路程一两个小时,排队一两个小时,很耽误事儿。没想到用微信客户端办理,手指动几下,几秒钟就完成了。"上个月,市民王琳想参与某美妆店铺的优惠券和刮奖活动,经同事推荐尝试了微信微活动,果然方便快捷。

有了这次体验,除了去店铺体验服务,王琳基本没有再去商家店铺。和王琳一样的人还有很多,由此可见,微信不仅带给我们前所未有的便利,也在悄然改变着我们的生活方式。

每逢节日临近,各个美妆店铺都会掀起新一轮营销风潮,微信营销的便捷性、个性化特别受到店家青睐。这次的微信营销活动是在顾客王琳和美妆店铺之间进行的,如图10-1所示,共3个环节:

(1) 微活动添加。
(2) 用户参加。
(3) 后台管理。

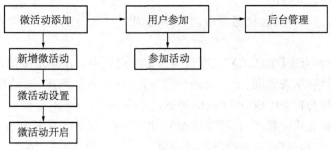

图10-1　微活动三大环节

模块 10.1　优惠券

10.1.1　教学目标

【终极目标】掌握以优惠券为主的微活动的组织和实施。

【促成目标】
(1) 了解微信营销的概念。
(2) 了解微信营销的特点。
(3) 掌握微信营销的主要方式。
(4) 掌握微信后台的维护和操作。
(5) 了解与微信营销相关的新技术应用。

10.1.2　工作任务

【总体任务】根据项目中提供的情景数据,根据主人物的角色需要在指定的微信后台和微信客户端上完成优惠券营销活动。

【具体任务】
(1) 了解优惠券活动的特点及效果。
(2) 能够根据提供的基础数据和实践平台掌握优惠券活动的组织与实施。

10.1.3　能力训练

【活动一】优惠券开启
活动目的:掌握微信后台优惠券开启的流程。
活动要求:利用微信后台端为某商家开通优惠券微活动。
活动分工:学生 2~4 人一组。
活动器材:计算机、互联网。
活动内容:以商家身份开启优惠券活动,每两个或一个人分别担任一个角色。
活动程序:

新建优惠券活动:点击【微活动】下的【优惠券】,在页面中点击新增按钮;填写优惠券名称、活动关键字、活动开始/结束时间、上传活动展示图片、输入活动简述、活动数量,点击【保存并开启】按钮;活动开启会自动生成 SN 码,也就是兑奖码,如图 10-2 所示。

当前日期在设置的活动期间内,活动状态为"进行中";如果当前日期在活动开始前,或者活动时间已过,状态自动变成"未开始"或"已结束"。

【活动二】领取优惠券
活动目的:掌握微信手机端优惠券的领取及使用流程。
活动要求:利用微信手机端领取优惠券并学会使用。
活动分工:学生 2~4 人一组。
活动器材:计算机、互联网。
活动内容:以用户的身份登录微信,关注商家,领取优惠券,每两个或一个人分别担任一个

图 10-2 优惠券开启

角色。

活动程序：

美妆一号店开启的"10元代金券"活动还在进行中，用户王琳输入关键字"10元代金券"，即可参与活动领取优惠券，如图 10-3 所示。

图 10-3 填写申请信息

凭生成的 SN 码到门店进行兑奖即可。

【活动三】后台管理

活动目的:掌握微信后台优惠券的数据监测流程。

活动要求:在微信商家后台服务端对领取优惠券进行管理和维护。

活动分工:学生 2~4 人一组。

活动器材:计算机、互联网。

活动内容:以商家的身份登录微信后台,对优惠券数据进行监测,每两个或一个人分别担任一个角色。

活动程序:

兑奖,查看活动粉丝中奖详情:点击数据监测,"操作"中的"已使用"表示已经到门店兑过奖,点击标记使用,可以选择消费的门店,标记消费后的 SN 码自动失效,如图 10-4 所示。

总计:1条/1页

用户名称	用户电话	SN号	参与时间	消费门店	消费备注	操作
		YH10000001	2014-03-21 16:58:42	未知		已使用

1

图 10-4 数据监测

删除活动(最好是超过最后兑奖时间以后,再删除活动)。

10.1.4 相关知识

1) 移动营销基础

(1) 移动营销的概念:移动营销(Mobile Marketing)指面向移动终端(手机或平板电脑)用户,在移动终端上直接向分众目标受众定向和精确地传递个性化即时信息,通过与消费者的信息互动达到市场营销目标的行为。

(2) 移动营销的特点:移动营销是移动信息服务和电子商务融合的产物,它与传统的市场营销相比,具有以下特点:① APP 成为移动广告新载体;② 社交加上移动成为带消费者进店的最直接手段;③ 技术成为创意的助燃剂。

(3) 移动营销的发展:随着移动互联网技术的发展,企业对移动营销方面也表现得更加重视。移动互联网最主要的特点是比传统的互联网更即时、更快速、更便利,而且也不会有任何地域限制。据 CNNIC 数据显示,2015 年我国手机网民数量超过 9 亿,其第一大上网终端的地位更加稳固。很多企业也开始觊觎移动营销这片市场。做好移动营销,必须做到:① 用户体验至上;② 盈利策略不可急功近利;③ 找到业务的核心竞争力;④ 把握移动营销新模型;⑤ 整合产业链之外的资源。

2) 微信营销基础

微信营销是网络经济时代企业或个人营销模式的一种,是伴随着微信的火热而兴起的一种网络营销方式。微信不存在距离的限制,用户注册微信后,可与周围同样注册的"朋友"形成一种联系,订阅自己所需的信息,商家通过提供用户需要的信息,推广自己的产品,从而实现点对点的营销。

(1) 点对点精准营销:微信拥有庞大的用户群,借助移动终端、天然的社交和位置定位等优势,每个信息都是可以推送的,能够让每个个体都有机会接收到这个信息,继而帮助商家实现点对点精准化营销。

(2) 形式灵活多样的漂流瓶:用户可以发布语音或者文字"漂流瓶"然后投入"大海"中,如果有其他用户"捞"到则可以展开对话,如:招商银行的"爱心漂流瓶"用户互动活动就是个典型案例。

(3) 位置签名:商家可以利用"用户签名档"这个免费的广告位为自己做宣传,附近的微信用户都能看到商家的信息,如:饿的神、K5便利店等就采用了微信签名档的营销方式。

(4) 二维码:用户可以通过扫描识别二维码身份来添加朋友、关注企业账号;企业则可以设定自己品牌的二维码,用折扣和优惠来吸引用户关注,开拓O2O的营销模式。

(5) 开放平台:通过微信开放平台,应用开发者可以接入第三方应用,还可以将应用的Logo放入微信附件栏,使用户可以方便地在会话中调用第三方应用进行内容选择与分享。如,美丽说的用户可以将自己在美丽说中的内容分享到微信中,可以使一件美丽说的商品得到不断传播,进而实现口碑营销。

(6) 公众平台:在微信公众平台上,每个人都可以用一个QQ号码,打造自己的微信公众账号,并在微信平台上实现和特定群体的文字、图片、语音等全方位的沟通和互动。

强关系的机遇:微信的点对点产品形态注定了其能够通过互动的形式将普通关系发展成强关系,从而产生更大的价值。通过互动的形式与用户建立联系,互动就是聊天,可以解答疑惑,可以讲故事,甚至可以"卖萌",用一切形式让企业与消费者形成朋友的关系。你不会相信陌生人,但是会信任你的"朋友"。

3) 移动营销新技术

(1) 内容营销:HTML5。万维网的核心语言、标准通用标记语言下的一个应用超文本标记语言(HTML)的第五次重大修改。上述是对于HTML5的注解,可以简单理解为一种新的编程方式。

HTML5这种编程方式,因为全民"神经猫"之后,其便捷性以及传播性都得到了充分的肯定。同时考虑到HTML5的几点特性:通用的网络标准、适用多设备跨平台、自适应网页设计以及即时更新性,HTML5可能是现在非常流行的内容营销的突破点。

尤其是现在移动营销领域纷纷提出"去APP"化后,这种更适用于移动端的形式,变成了更多营销策划中会选择的互动形式。

实际的营销案例中,也出现了像"红牛夏促语音互动广告"这类通过运用HTML5语音识别的互动形式来连接品牌与消费者的成功案例。

(2) 精准营销:SDK移动广告的开发包。这种新的开发包主要是根据智能手机上的陀螺仪、运动传感器等装备,采集、分析用户当时的具体动作,并将这些分析结果以开发包的方式提供给广告行业。

通过对于手机设备的信息收集,从而推断出手机使用者的相关状态以及所处环境等,来引导更为精准的广告投放形式和内容,最后达到"以人为本"的营销目的。

精准营销的概念其实在互联网营销时就已提出,主要的区分是从性别、年龄基本状态到收入、地域等更为准确的人群细分。而到了移动时代,由于显示屏幕的变小,对于广告的吸引力以及内容的及时性都有了更高的要求,这也就带来了更高的人群精准性区分,甚至是同一个人不同状态下的区分。

(3) 移动搜索:"应用索引"。另外一个移动端的技术革新是针对搜索引擎的。前不久出现的"应用索引"可以为移动应用的不同板块赋予独一无二的地址,模式类似于网页地址。应用链接看起来与网页链接类似,但点击后,却会将用户引入应用,而非网页。

对于搜索,无论是百度还是谷歌,在互联网 PC 端都已经做到精益求精,但是移植到移动端却没有得到相应的效果。PC 端都是以网站为内容源,而在移动端,APP 以及其他单独的应用程序才是信息存储的根据地。这也就使得在移动端传统对于网站的爬虫软件显得内容欠缺。在手机上,指向应用的链接通常比指向网页的链接更加有用。

4) 移动营销新趋势

现在的形式是技术的发展带动着营销方式的不断更新,而从趋势的角度出发,上述的几个技术发展都指向一个共同的点——简单。

简单的原则是从用户角度出发,菲利普·科特勒其实也提出"以人为核心"的营销。他认为在营销 3.0 时代,营销就是为了解决人的问题,对于人们生活中遇到的问题提供解决方案。企业是否能关心这个世界,是否对世界作出了贡献是评判企业"人本主义"重要的衡量指标。

10.1.5 思考与练习

什么是移动营销?移动营销有哪些内容?

模块 10.2 刮刮卡

10.2.1 教学目标

【终极目标】掌握以刮刮卡为主的微活动的组织和实施。

【促成目标】

(1) 了解微信营销的概念。

(2) 了解微信营销的特点。

(3) 掌握微信营销的主要方式。

(4) 掌握微信后台的维护和操作。

(5) 了解与微信营销相关的新技术应用。

10.2.2 工作任务

【总体任务】根据项目中提供的情景数据,根据主人物的角色需要在指定的微信后台和微信客户端上完成刮刮卡营销活动。

【具体任务】

(1) 了解刮刮卡活动的特点及效果。

(2) 能够根据提供的基础数据和实践平台掌握刮刮卡活动的组织与实施。

10.2.3 能力训练

【活动一】刮刮卡设置

活动目的:掌握微信后台刮刮卡活动开启的流程。

活动要求:利用微信后台端为某商家开通刮刮卡微活动。

活动分工:学生 2~4 人一组。

活动器材:计算机、互联网。

活动内容:以商家的身份开启刮刮卡活动,每两个或一个人分别担任一个角色。

活动程序:

点击【新增】按钮,在新增页面输入刮刮卡名称、活动关键字、活动开始/结束时间,上传活动展示图片以及填写活动简述,如图 10-5 所示。

图 10-5 刮刮卡设置

然后,进行奖项设置,需要填写奖项名称、奖品、奖品数量并且设定中奖概率,最后设置每个网友参与的总次数和每天可参与次数等,如图 10-6 所示。

【活动二】刮奖

活动目的:掌握微信手机端刮刮卡的使用流程。

图 10-6 奖项设置

活动要求:利用微信手机端刮奖。

活动分工:学生 2~4 人一组。

活动器材:计算机、互联网。

活动内容:以用户的身份登录微信,关注商家,领取刮刮卡,每两个或一个人分别担任一个角色。

活动程序:

活动设定后,在规定的活动时间内,网友发送关键词如"抽奖",系统就会发送一张刮刮卡给他,网友可通过屏幕进行刮奖,中奖后填写用户名和手机号,商家根据手机号进行比对,确认无误后即可兑换奖品,如图 10-7 所示。

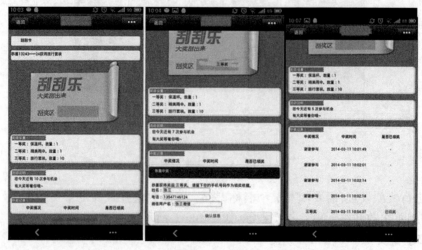

图 10-7 刮奖

【活动三】后台管理

活动目的:掌握微信后台数据监控的流程。

活动要求:利用微信后台进行数据监控。

活动分工:学生 2～4 人一组。

活动器材:计算机、互联网。

活动内容:以商家的身份登录微信,对刮刮卡的抽奖情况进行监测,每两个或一个人分别担任一个角色。

活动程序:

在数据监控中可以看到用户的中奖情况,如图 10-8 所示。

图 10-8 数据监控

10.2.4 相关知识

微信营销主要体现在以安卓系统、ios 系统的手机或者平板电脑中的移动客户端进行的区域定位营销,商家通过微信公众平台,结合转介率微信会员管理系统展示商家微官网、微会员、微推送、微支付、微活动,已经形成了一种主流的线上线下微信互动营销方式。

微官网是为适应高速发展的移动互联网市场环境而诞生的一种基于 WebApp 和传统 PC 版网站相融合的新型网站。微官网可兼容 iOS、Android、WP 等多种智能手机操作系统,可便捷地与微信、微博等网络互动咨询平台连接,简言之,微官网就是适应移动客户端浏览体验与交互性能要求的新一代网站。

微支付是指在互联网上进行的一些小额的资金支付。这种支付机制有着特殊的系统要求,在满足一定安全性的前提下,要求有尽量少的信息传输,较低的管理和存储需求,而速度和效率要求比较高。现在大家所说的微支付,主要是指微信支付。

腾讯微信微活动是微信营销的一种方式,提供多种刮刮卡、大转盘、一战到底、老虎机、砸金蛋等活动模板,以各种方式为微信公众号积攒人气。对于商家来说使用微活动可以吸引客户,提高客户的黏度,提升自己公众账号的娱乐性。

10.2.5 思考与练习

微活动有哪些形式?

项目 11　微信会员卡

【项目简介】

本项目的工作要求是通过智能手机实现微信会员卡的添加与设置功能,实现对微信营销前后台的全真模拟实践。项目要求学生在特定的教学平台和微信客户端上实现微信会员卡的添加、设置、后台管理等操作。通过项目实践,让学生掌握微信会员卡的微信营销活动操作,以及相关的新技术应用和软硬件结合。

【项目案例】

"以前办理商家的会员卡,需要到商家的店面,来回路程需要一两个小时,很耽误事儿。没想到用微信办理,手指动几下,几秒钟就完成了。"上个月,市民王琳要办理一张某商家的会员卡,经同事推荐尝试了微信会员卡办理,不仅简单,而且方便快捷。

商家以前需要花费大量时间和精力向客户推销办理会员卡,但是效果不甚理想;现在有了微信会员卡,只需在微信后台添加好会员卡,就可静待客户来领取,还可以在微信后台很便捷地对会员卡用户进行编辑和删除操作,真是方便省事。

一年一度的"女人节"期间,各个美妆商家都会策划各种各样的优惠活动。这次的微信营销是在顾客王琳和美妆店铺商家之间进行的,如图11-1所示,有3个环节:

(1) 会员卡添加。
(2) 会员卡设置。
(3) 后台管理。

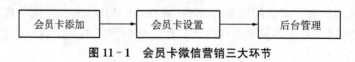

图 11-1　会员卡微信营销三大环节

模块 11.1　会员卡添加/设置

11.1.1　教学目标

【终极目标】掌握微信会员卡的添加与设置方法。

【促成目标】
(1) 了解微信营销的概念。
(2) 了解微信营销的特点。

(3) 掌握微信营销的主要方式。
(4) 掌握微信后台的维护和操作。
(5) 了解与微信营销相关的新技术应用。

11.1.2 工作任务

【总体任务】 根据项目中提供的情景数据,根据主人物的角色需要在指定的平台和 APP 上完成相关的活动。

【具体任务】
(1) 了解微信会员卡的主要功能。
(2) 能够根据提供的基础数据和实践平台掌握微信会员卡的添加与设置操作。

11.1.3 能力训练

【活动一】 会员卡添加

活动目的:掌握微信后台会员卡的添加流程。

活动要求:利用微信的后台端为某商家开通微信会员卡功能。

活动分工:学生 2~4 人一组。

活动器材:计算机、互联网。

活动内容:以商家身份登录微信,添加会员卡,每两个或一个人分别担任一个角色。

活动程序:

点击菜单【微信会员卡】中的【会员卡添加】,填写会员卡相关信息:会员卡名称、活动关键字、会员卡开始/结束时间,上传会员卡介绍图片,如图 11-2 所示。

图 11-2 会员卡添加(一)

继续上传会员卡正面图片,输入会员卡颜色、会员卡简述、会员卡说明,如图11-3所示。

图11-3 会员卡添加(二)

然后填写会员卡数量、地址、电话、地理坐标、每日签到积分(用户每天可以签到,并获得相应的积分),点击【保存并开启】按钮,如图11-4所示。

图11-4 会员卡开启

【活动二】会员卡设置

活动目的:掌握微信会员卡的领取流程。

活动要求:利用微信客户端领取会员卡。

活动分工:学生2~4人一组。

活动器材:计算机、互联网。

活动内容:以用户的身份领取商家的会员卡,每两个或一个人分别担任一个角色。

活动程序:

添加好的会员卡,当前状态会员卡状态为有效。用户可通过手机微信输入触发关键字,例如"会员卡",即可领取会员卡,领取的会员卡会自动生成会员卡卡号,如图 11-5 所示。

图 11-5 会员卡设置

11.1.4 相关知识

微生活会员卡即微信会员卡,是腾讯移动生活电商旗下的 O2O 产品,以二维码为入口连接消费者与商家。在微生活会员卡平台上,广大消费者可享受移动互联网的便捷,获得生活实惠和特权;同时该平台更是精准的泛会员管理与营销的平台,能够帮助商家与企业建立泛用户体系,搭建富媒体的互联网信息通道。

微生活会员卡已经打通商家 CRM 系统,完成了实体卡与微生活虚拟会员卡的无缝对接:积分、储值、查询,一卡解决;会员管理、交易管理、精准营销、数据分析,一网打尽;客服预订、疑难解答、富媒体营销,一应俱全。

微生活将凭借腾讯社交网络的关系优势,通过会员卡在用户和商家之间建立社交关系,然后在本地化电商上做服务。企业可在微信上建立 CRM 服务系统,有利于企业建立会员体系,进行精准营销。

微生活完成的闭环其实有两种,一是支付闭环,是消费者在移动端完成从选货到支付的全过程;更为常见的是另一种,即信息闭环,用户行为分析、积分、优惠促销均可在系统内实现可视化。

手机成为本地消费身份的凭证。通过微信号、QQ 号的唯一识别体系,找到企业的精准用户,用 CRM 系统记录会员消费轨迹,使用特价、积分返券等方式培养用户习惯。

据了解,微生活的目标是,用移动互联网技术逐个颠覆线下的垂直行业,第一站就是餐饮,未来还将推出 KTV、商场行业的移动互联网解决方案。

11.1.5 思考与练习

什么是微生活会员卡?

模块 11.2　后台管理

11.2.1　教学目标

【终极目标】掌握微信会员卡的添加与设置方法。

【促成目标】
(1) 了解微信营销的概念。
(2) 了解微信营销的特点。
(3) 掌握微信营销的主要方式。
(4) 掌握微信后台的维护和操作。
(5) 了解与微信营销相关的新技术应用。

11.2.2　工作任务

【总体任务】根据项目中提供的情景数据,根据主人物的角色需要在指定的平台和APP上完成相关的活动。

【具体任务】
(1) 了解微信会员卡的主要功能。
(2) 能够根据提供的基础数据和实践平台掌握微信会员卡的添加与设置操作。

11.2.3　能力训练

【活动】后台管理

活动目的:掌握微信后台商家对会员卡的操作流程。

活动要求:利用微信后台端商家可对会员卡进行维护操作。

活动分工:学生2~4人一组。

活动器材:计算机、互联网。

活动内容:以商家的身份登录微信后台,进行会员卡管理,每两个或一人分别担任一个角色。

活动程序:

微信后台商家可以对会员卡进行修改、删除、数据监控的操作,如图11-6所示。

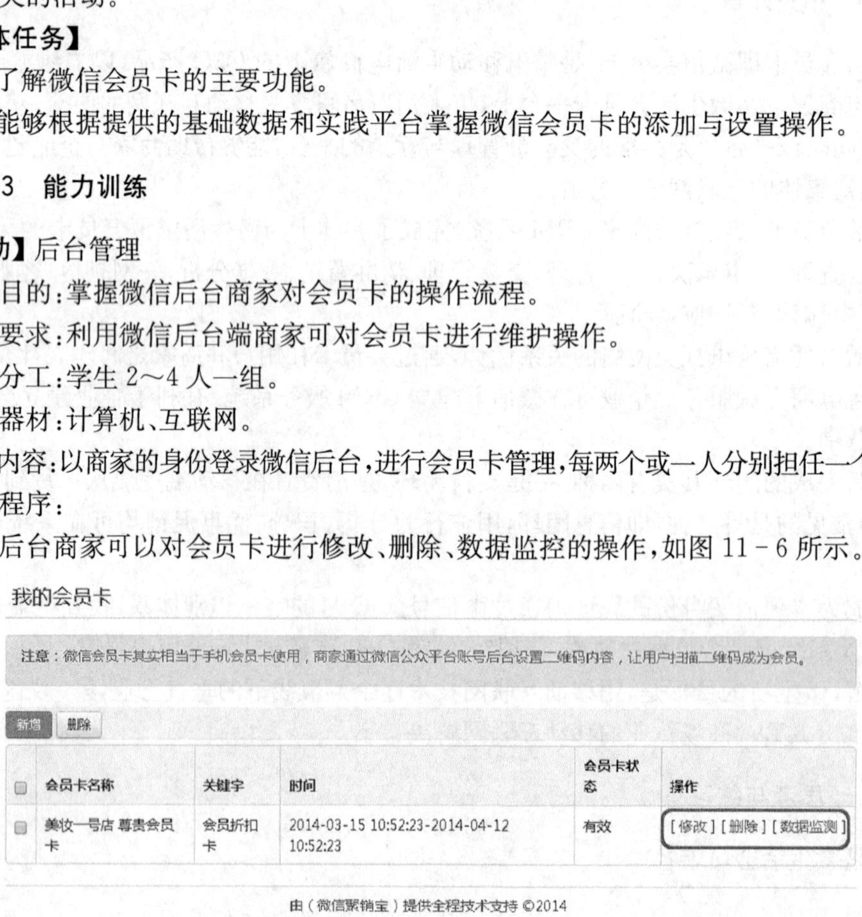

图 11-6　我的会员卡

点击【数据监控】，可以看到领取会员卡的用户会员名称、电话、参与时间、会员卡号、余额、积分等信息，如图11-7所示。

会员名称	电话	生日	地址	参与时间	会员卡号	余额	积分	操作
				2014-03-21 16:36:41	10000001	￥0	0	[操作] [记录]

图 11-7 数据监控

检索要看的用户，在用户中点击"操作"，可以对用户会员卡进行充值等操作，点击"记录"，可以查看对该用户的所有操作。

11.2.4 相关知识

微信会员卡是基于腾讯公司的各种产品延伸出来的一个全新的专注于生活电子商务与O2O的最新产品，依靠腾讯亿级的用户群体，通过微信、微博、手机QQ等手机产品，其平台效应已经保证了这种神话的必然来临。

微信会员卡作为腾讯微生活项目的全新产品，依靠腾讯亿级的用户群体，通过微信、微博、手机QQ等手机产品，正在发挥着强大的吸引力，将电子会员卡呈现在微信中，让更多的人通过网络、报纸、杂志等途径，通过扫描二维码的方式，成为商家的会员，享受会员待遇、微信会员卡改变生活，利用第三方平台机构转介率研发类似于腾讯微生活的微信会员卡。由于不受行业限制，门槛比较低，成为了时下主流的线上线下O2O会员营销模式之一。

微信会员卡具有以下三大优点：
(1) 积分、储值、查询，一卡解决。
(2) 会员管理、交易管理、精准营销、数据分析，一网打尽。
(3) 客服预订、疑难解答、富媒体营销，一应俱全。

微信会员卡是基于微信公众平台与商家合作的第三方电子会员卡。用户只需用手机扫描商家独有的二维码，就能获得一张存储于微信中的电子会员卡，可享受商家提供的会员折扣和服务。更重要的是，微信将众多会员卡装进了手机，用户可随时将会员卡分享给朋友，让更多的人获得优惠。

转介率推出的微信会员卡，能帮助企业打造微信CRM系统。

通过微信商户会员卡，手机可以成为本地消费的身份凭证：到店出示会员卡，收银员录入卡号，会员收到交易账单。据此，商家可以将营销效果量化，了解会员上次消费时间，消费金额多少，消费频次等，商家就可以分类会员，开展针对性的营销，提升回头率。微生活会员卡合作方，某餐饮企业负责人称："企业做会员制就是要做企业自媒体。要做忠诚度服务，不只是发广告的。"

以往成为会员的方式繁琐，手续麻烦，如今只需要通过微信的"扫一扫"即可实现成为商家的会员，对客户来讲十分安全、方便，更能直接在自己的手机上进行各种个人信息查询。

对商家来说,通过这种方式可以迅速增加会员数量,实时发布一些优惠讯息给会员,也可以通过公众平台和会员进行实时交流,拉近会员和商家之间的距离。

11.2.5　思考与练习

微信会员卡有哪些优势与特点?

参考文献

[1] 李庆艳,金铎,张文安,等. 移动电子商务发展趋势探讨[J]. 电信科学,2011,27(6):6-13.

[2] 王洁,买文莉. 移动电子商务应用模式分析[C]// Advances in Artificial Intelligence (Volume 6)—Proceedings of 2011 International Conference on Management Science and Engineering (MSE 2011). Engineering Technology Press, Southern Illinois University Carbondale, National University of Singapore,2011:5.

[3] 廖卫红,周少华. 移动电子商务互动营销及应用模式[J]. 企业经济,2012(3):67-71.

[4] 徐玉,郑放. 纵观移动电子商务市场[J]. 电子商务世界,2003(9):75-77.

[5] Li Hongxin, Ding Mengchun. Study on the Cultivation of the Innovational Ability of Practice Teaching in Colleges[J]. International Education Studies,2010,3(1):54-57.